公共卫生健康促进视角下大学生心理健康教育改革创新理论与实践

伦凤兰 著

中国农业出版社
北京

PREFACE | 作者序

世界卫生组织（WHO）于1947年提出："健康乃是一种躯体上、心理上和社会上的完满状态，而不仅仅是没有疾病或虚弱。"这一阐释明确地将心理健康提升到与身体健康同等的高度。后来，世界卫生组织又对健康做了新的补充：除了躯体、心理健康和社会适应良好外，还要加上道德健康，并对心理健康进行了更为详细的界定。可见，在对健康的界定中心理健康的比重在增加，内容在细化。这既说明了人们的心理健康意识与其生活水平之间的正相关关系，还体现了心理健康在人们的生活品质和幸福指数间的基础性和原始性。

作为全球共同的公共卫生问题，世界卫生组织在1997年的全球心理健康会议上，提出将儿童青少年作为心理卫生工作的重点服务对象，并呼吁各国政府、机构重视其心理和行为问题，并主张开展各项活动为其提供服务。我国于2009年将严重精神障碍患者管理问题列入国家基本公共卫生服务项目，在目前的14类基本公共卫生服务项目中，心理健康教育与健康促进也是各项目的重要内容。国内一项心理健康问题调查结果表明，有16.0%～25.4%的大学生存在以焦虑、恐怖、神经衰弱、强迫症状和抑郁情绪为主的心理障碍。北京大学精神卫生研究所曾对北京16所大学近10年的辍学原因进行调查，结果显示，精神障碍是其中重要的原因之一。我国早在《中国精神卫生工作规划（2002—2010年）》中也明确将儿童、青少年列为重点人群，并要求针对不同年龄学生的特点，安排实用的心理健康教育工作和适应能力训练，以提早发现学生的心理行为异常，解决学生的心理问题。《中国精神卫生工作规划（2011—2020年）》则明确提出10年间学生的心理保健知晓率由60%提高到80%，心理问题发生率由12%降到10%。

大学阶段是个体真正意义上进入社会的前站，这个阶段学生出现心理健康问题，就像是农民精心种植的庄稼在即将收获之际，遭遇重大灾害而导致减产，给家庭和社会带来巨大的损失，给个体带来更大的痛苦体验。然而，生活环境的巨大变化和社会压力的增加，势必对当代大学生的心理健康水平和素质提出更高的要求，需要用更强的心理免疫力来应对瞬息万变的各种社会竞争和生活挑战。但是，生活中存在的理想与现实、适应与发展、交友与恋爱、升学与就业等多方面的压力冲突和负性生活事件，成为大学生心理问题频发的刺激条件。公共卫生问题就需要动用公共资源和力量来解决，对于大学生心理健康问题而言，政府、社区、学校、家庭和个人都是应对这一问题的主体力量。其中，学校作为重要的社会力量，有责任和义务积极致力于大学生心理健康问题的预防和干预，通过大学生心理健康教育的系列工作和计划，对大学生心理健康素质、心理修养、心理调适能力及抗逆境和耐挫折的能力进行干预，使其学会学习、学会生活、学会交往、学会做人、学会自信、学会创造。拥有积极的心态，是克服和解决这些现实问题，有效应对各种刺激事件的根本方法。

自 2001 年以来，党和国家共下发了 20 多项涉及有关大学生心理健康教育的文件，内容涉及重视程度、指导思想、建设标准、课程教学基本要求、师资队伍建设和制度保障等。就教育形式而言，日常生活中潜移默化的生活教育和大学生心理健康教育及其相关课程的课堂教学，是提升大学生心理健康素养的两个重要途径。所以，大学生心理健康教育的生活化教育模式和课堂教学改革，是当前心理健康教育工作者亟待考虑的话题。

大学生心理健康教育经过 20 年的迅猛发展，各高校都积累了丰富的经验，基本确定了心理健康教育的标准和规范，已经形成和度过了大学生心理健康教育快速发展的规范化阶段。那么接下来，大学生心理健康教育该向哪个方向走、如何走是我们广大的心理健康教育工作者思考的问题。

我从 2001 年接触心理学开始，已经过了整 20 个年头。20 年里，我接受了心理学本科、硕士到公共卫生健康促进博士阶段的教育，还在近 15 年的实践中亲身感受了我国高校心理健康教育的发展历程，做了一些有关心理健康教育的研究工作，积累了些许的经验和体会。现在，我站在公共卫生健康促进的视角，重新审视我的所做和所思，并将其整理成册。我本着教育性和发展性、实用性和指导性、前瞻性和操作性、总结性和批判性的原则，对大学生心理健康教育改革的现状、价值及趋势进行讨论；就大学生心理健康教育的内容、模式及体系构建、师资队伍的建设，与维护以及大学生心理健康教育改革的创新等方面进行分析，对大学生心理咨询工作体系的完善进行思考，并从科学研究的视角对其研究方法进行分享。同时，我将工作实践中的案例加到讨论和分析内容中，希望在总结经验教训、把握规律的前提下，探索公共卫生健康促进视角下大学生心理健康教育工作改革的新途径和新方法，以增强大学生心理健康教育工作的科学性和实效性，同时提升实践做法和本领域科学研究的普适性。

本书力求在吸收国内外新思想观点的理念创新基础上，站在公共卫生健康促进的视角，结合大学生心理健康教育的工作实际和实践创新，突出以下四个特色：

一是理论实践与理论创新相结合。吸收国内外医学、教育学、心理学、管理学、社会学等学科的相关理论精华，尤其是医学公共卫生领域的健康促进模型，设计理论和工作实践方案，在理论实践过程中思考和践行理论的应用创新，从而衍生或创造出新的理论基础。

二是知识学习与调试方法相结合。以公共卫生健康促进和心理学模型为指导，把心理素质所包含的知识内容和核心影响元素作为建构的主线，并在对每个核心内容和元素进行深入分析的基础上，提出有针对性的增进心理健康的方法和途径，给广大心理健康教育工作者提供工作思路的同时，帮助学生在深入理解知识来龙去脉的基础上学会相应的调适方法。

三是案例教学与自我理解相结合。将工作实践中的案例进行整合，有针对性地介绍工作实践中的真实案例，并对案例进行细致分析，为广大心理健康教育工作者和学生提供实践思路和实践经验，帮助他们对生活实践中的自我状态进行反思，寻找自我的影像，形成对自我的新理解和新感受。

四是科学研究与教育实践相结合。用科学研究的思想指导教育实践，对教育实践的经验进行总结，为科学研究提供支撑。用科学研究的严谨性和科学性，提升心理健康教育实践的实效性和推广性；用教育实践的经验增强科学研究的落地效果。

本书呈现的研究成果都是在各个相关研究团队协作努力的基础上完成的，在调研过程和数据分析过程中得到了很多被试者和调查者的帮助。同时，在本书出版过程中也得到了中国农业出版社各位编审人员的支持、帮助和耐心等待。在此一并致以衷心的感谢。

由于作者知识的局限和见识的浅薄，书中难免会有疏漏和错误，敬请读者和同行不吝指正，提出宝贵意见。在此期待与读者和同行的专业商讨！

伦凤兰

2021年8月30日

于游目骋怀居

CONTENTS | 目 录

第一章　大学生心理健康教育的发展现状及趋势

心理健康教育早已不只是教育部门和教育群体的工作和事情，还涉及卫生、宣传、民政等多个部门的多个群体。2017 年，我国 22 个部门联合印发的《关于加强心理健康服务的指导意见》足以说明，心理健康已经被当作一个影响经济社会发展的重大公共卫生问题和社会问题来对待了。

大学生心理健康教育工作承担着提升大学生心理调适能力，保持良好适应能力，提高大学生整体心理健康水平的任务。大学阶段是个体社会化和心理社会化发展的重要时期，大学生需要完成青少年向成年人的角色转换，而心理健康是其顺利完成这一转换的重要基础。

新世纪以来（2000 年迄今），党和国家先后多次发文强调心理健康的重要性，特别针对高校心理健康教育制定了很多涵盖课堂教学、日常教育、师资建设、制度规范及强化管理等内容的政策和指导意见，对高校学生心理健康教育的总体要求、教育原则、建设标准、教育方法与途径、教育制度与机制等多个方面做了明确要求，促进我国大学生心理健康教育向独立性与融合性、专业性与大众性、标准性与规范性的方向发展，体现了大学生心理健康教育的中国特色。

第一节　21 世纪前 20 年大学生心理健康教育改革的发展现状及启示

生活教育和课堂教育是目前大学生心理健康教育的主要途径，但传统心理健康教育和公共卫生领域的健康教育提倡的侧重点并不相同。传统教育的生活教育与思想政治教育交叉进行，课堂教育包括心理健康课堂和其他专业课堂。生活教育的方式和要求往往出现在思想政治教育文件中。课堂教育自

2011年教育部出台《普通高等学校学生心理健康教育课程教学基本要求》开始，明确规定将心理健康教育以必修课形式纳入教育体系中。可见，这种生活教育的针对性并不突出，特点并不明显。公共卫生领域的健康教育则更侧重社区化的生活化教育，突出对所在社区或辖区居民进行包含心理健康教育在内的健康教育。以高校为社区的大学生心理健康教育正符合社区教育的特点。另外，随着众多文件的强调，生活教育和课堂教育已然是提升大学生心理健康素质的重要手段，并日益成为当前我国高校开展心理健康教育的重要载体和主渠道。随着学校“立德树人”“全员育人”理念的提出和“课程思政”思想的推广，专业课程中的思政教育和心理教育也实现了交叉融合，成为心理健康教育教学改革的新风尚。随着《中华人民共和国精神卫生法》和多个《中国精神卫生工作规划》的制定，高校心理健康教育的社区化也日益被大众所接受。那么，心理健康教育教学工作发展20余年来，经历了哪些发展历程，其后的发展方向如何，如何发展，是我们心理健康教育工作者思考的问题。

一、大学生心理健康教育工作的政策要求

（一）大学生心理健康教育的事实背景

1. 大学生心理健康教育日益成为党和国家关注的焦点

21世纪前20年来，在中国共产党全国代表大会（简称党代会）和党的重要工作中，提升全民心理健康素质被作为建设的焦点和重要内容。党的十六大上，把心理健康素质上升到国家发展的高度，将包括心理健康素质在内的全民健康素质提升作为全面建成小康社会的目标，受到国家、社会和全民族的高度重视。党的十六届六中全会把“心理疏导”“人文关怀”等心理健康的内容作为“和谐文化”与“和谐社会”建设的重要目标；此次会议还通过了中共中央关于《构建社会主义和谐社会若干重大问题的决定》，明确将“加强心理健康教育”和“健全心理咨询网络”作为“塑造自尊自信、理性平和、积极向上社会心态”的有效方法和途径。党的十七大和十八大也在会议报告中，明确将心理健康教育作为实现全面建设小康社会的有效途径之一。

2001年3月，全国人大九届四次会议通过了《国民经济和社会发展第十个五年计划纲要》，将“加强心理健康教育”作为国民经济和社会发展第十个五年规划的目标之一。同年，教育部第一个大学生心理健康教育的专门

性文件《加强普通高等学校大学生心理健康教育工作的意见》出台，要求加强认识大学生心理健康教育工作的重要性；对大学生心理健康教育工作的内容、原则、途径和方法进行确定；提出强调大学生心理健康教育工作队伍建设和规范工作管理制度的意见。此后，《关于进一步加强和改进大学生心理健康教育的意见》《普通高等学校学生心理健康教育工作基本建设标准》《普通高等学校学生心理健康教育课程教学基本要求》和《高等学校学生心理健康教育指导纲要》等有关大学生心理健康教育工作的专门性和针对性文件相继出台，对高校学生心理健康教育的教育体制、总体要求、指导原则、建设标准、课程教学、工作保障及组织实施等多个方面作出了明确要求。

中共中央、国务院《关于进一步加强和改进大学生思想政治教育的意见》（中发〔2004〕16号文）指出，要从教育计划、教育内容、教育方法、教育机构、教育师资等多个方面积极开展大学生心理健康教育工作，引导大学生健康成长。《国家中长期教育改革和发展规划纲要（2010—2020年）》也将心理健康教育作为国家中长期教育改革规划的战略主题。2016年，国家卫生计生委等22部门联合印发《关于加强心理健康服务的指导意见》，从健全社会心理服务体系的视角，就加强服务的意义、总体要求、各类心理健康服务的发展、重点人群、健全服务体系、人才建设和领导工作保障7个方面的具体工作提出了指导意见。

2013年《中华人民共和国精神卫生法》第二章明确了心理健康促进和精神障碍预防的法律要求，并在第16条和第23条中明确了学校、教师及心理咨询人员的职责。《全国精神卫生工作规划》（2002）中也明确了每个阶段的心理知识知晓率和心理行为问题及精神疾病总患病率的具体指标。

2021年8月，教育部、国家卫生健康委员会等五部门联合印发《关于全面加强和改进新时代学校卫生与健康教育工作的意见》，明确了“构建高质量学校卫生与健康教育体系”的指导思想和“健康第一、面向全体、预防为主、问题导向”的工作原则，对健康教育教学改革的深化、卫生工作基础的夯实和组织实施的加强等方面明确了要求。在教育教学改革的内容、课时、渠道、心理健康和健康行为等方面有具体要求；在公共卫生设施建设、健康监测、急救、疾病预防、机构设置、人才培养、平台建设和机构保障等方面有明确安排；对组织领导、协作、环境、投入和评价体系等方面有明确要求。

可见，大学生心理健康教育工作俨然成为一种国家政策引领、自上而下的全面工作组织形式和发展模式，已经成为国家、社会和学校共同关注的焦点问题，成为教育部门和社区机构完善建设标准、完成具体实施和教学要求的中心任务。

2. 大学生心理健康教育成为教育部门和高等学校的重要职责和中心任务

无论是将心理健康教育作为国民经济和社会发展五年规划的目标，还是党代会上将心理健康教育作为人才培养的重要途径和思想政治教育的有效方法，以及相关精神卫生法律文件的具体指标要求，教育部门和各大高校都是大学生心理健康教育政策的落实者、责任的承担者和具体工作的操作者。

教育部门负责制定和落实相关政策并执行监督职责。21 世纪前 20 年来，教育部共出台了 15 项大学生心理健康教育工作的指导性文件，其中的 8 项专门性文件涉及课题研究、领导责任、机构设置、课程教学、师资建设、制度体系和场地及经费保障多个方面，另外 7 项政策的内容与思想政治教育工作穿插融合在一起。

高等学校是政策的落实者和具体工作的实际执行者。各项政策和文件内容的实施、落实必定由各高校来实行。高等学校按照上级政策文件的指导和要求，通过将大学生心理健康教育纳入人才培养范畴、融入人才培养体系、设置专门的教学和研究机构、开设相应的必修和选修课程、开展丰富的大学生心理健康教育活动、动员全员参与等手段和方式，来促进大学生心理健康素质的发展和提升。

（二）21 世纪前 20 年大学生心理健康教育的政策支持

21 世纪前 20 年来，大学生心理健康教育工作在党和政府的政策支持和各高校的得力实施下得到了迅猛发展。按照政策文件对大学生心理健康教育的针对性和操作性，可分为专门性文件和相关性文件、指导性文件和实施性文件。

1. 专门性文件和相关性文件

21 世纪前 20 年，国务院、教育部及其他部门共制定了 20 多条有关心理健康的文件。按照政策内容与心理健康的相关程度和针对性，可将其分为专门性文件和相关性文件。目前，这两类文件的比例为 1∶1。

专门性文件的独立性和针对性都很强，内容涉及大学生心理健康教育的关注意识、总体要求及原则、教育任务及内容、课程教学和师资建设及制度机制等多个方面。《普通高等学校学生心理健康教育工作基本建设标准》提供了专门针对高校心理健康教育的建设标准。《普通高等学校学生心理健康教育课程教学基本要求》针对大学生心理健康教育的课程教学专门提出了具体要求。

相关性文件的独立性与针对性都稍弱。相关性文件往往与大学生思想政治教育工作关联、穿插，通常以思想政治教育的视角，将心理健康教育当作思想政治教育的途径和方法。如《关于进一步加强和改进大学生思想政治教育的意见》提出，从教育计划、教育内容、教育方法、教育机构、教育师资等方面积极开展心理健康教育工作，以达成对大学生进行思想政治教育的目标。《高校思想政治工作质量提升工程实施纲要》将“心理育人质量提升体系”作为十大育人体系之一，来达到大学生思想政治素养提升的目的，增强高校思想政治工作的质量。另外，精神卫生类文件也是相关性文件。

2. 指导性文件和实施性文件

按照文件内容对心理健康教育指导的思想性和操作性，可分为指导性文件和实施性文件。在 20 多项政策中，这两类文件的比例为 5∶13。

指导性文件能够提高心理健康教育意识，提升实施部门的重视程度，为心理健康工作的开展指明方向和提供思路，对教育思想和教育任务进行指导。教育部曾两度颁布《关于加强普通高等学校大学生心理健康教育工作的意见》以明确工作指导思想，确定工作方针和原则。高校学生心理健康教育工作得以在辩证唯物主义和历史唯物主义思想的指导下，以“重在建设，立足教育”的方针原则开展工作。

确定心理健康教育工作实施标准和具体要求的是实施性文件，旨在提供心理健康教育工作的检验指标。如 2011 年的《普通高等学校学生心理健康教育工作基本建设标准》《普通高等学校学生心理健康教育课程教学基本要求》和 2018 年的《高等学校学生心理健康教育工作指导纲要》等实施性文件，对心理健康教育工作的软硬件设施要求、课程教学的相关指标、师资队伍的素质及专业要求等方面进行明晰的规定和提供具体的数据指标，让各高校的这项工作变得更加可落实、可实施、可操作。

二、大学生心理健康教育的发展特点与启示

（一）大学生心理健康教育的发展特点

1. 独立性与融合性协调发展

专业素养和思想修养是大学生人才培养的两大目标，也是大学生综合素质的两个重要表现。目前，心理健康教育与思想政治教育作为提升大学生思

想修养和道德水平的两个重要途径，既有一定的独立性，又在融合协调地发展和进步。

心理健康教育作为思想政治教育的重要途径，两者在长期的融合发展中互相促进、协调进步。《关于进一步加强和改进大学生思想政治教育的意见》提高了我国大学生心理健康教育的发展速度和受重视程度，明确将“心理健康教育”作为“拓展新形势下大学生思想政治教育的有效途径”，强调提升心理健康教育的地位，要求了解大学生的身心特点和发展规律，培养良好心理品质，增强心理抗挫力。“意见”还从心理健康的教育计划、教育内容、教育方法、教育和咨询机构、师资配备和心理咨询辅导等多个方面提出了引导大学生健康成长的具体意见。

从教育部及其他部门颁发的专门性文件来看，国家以较高的标准对大学生心理健康教育的工作意识、工作原则、工作方法和工作内容（课程教学、活动组织、师资建设、后勤保障及管理等）都做了细致的要求，以使心理健康教育具有独立的教育体系、教育方法和独立而完备的建设标准，确保可以独立地完成提升心理健康素养的目标；其独立性还体现在其专业化的发展上。

2. 专业化与大众化交相呼应

21 世纪前 20 年，国家的政策支持和高校的得力实施与探索创新，刺激了心理健康教育工作深入的专业化发展。

2005 年，普通高等学校学生心理健康教育专家指导委员会成立。委员会将长期从事心理科学和心理健康教育教学、咨询和研究的高校教师和有丰富经验的高校教育管理者组织起来，分享和沟通心理健康工作中遇到的困难和成功经验，并从科学和专业的角度对心理健康教育工作进行指导。同时，专业的大学生心理健康测评系统的开发和高校心理健康教育与咨询示范中心的建立，对于提升心理健康教育工作者的专业涵养和职业素养，刺激心理健康教育的专业化发展起到了极大的促进作用。

学科建设、课程教学和制度建设也呈现专业化发展的特点。为培养心理健康领域的顶尖人才，设立了心理学科博士后流动站、建设心理健康教育二级学科点、增设思想政治学科的心理健康教育研究方向；在相关政策文件的具体要求和指导下，在广大心理健康教育工作者的努力实践中，大学生心理健康教育课程呈现出教学内容日益丰富、教学方法日益多样、教学评价日益符合实际、教学质量日益得到提升；制定了心理咨询中心职责、辅导教师工作制度、专职教师考核制度、心理危机干预办法及督导培训制度等科学规范的心理健康教育工作标准。

在教育实施的过程中，大学生心理健康教育工作不但需要教育的主客体全员参与，还需要学校、家庭和社会的全员参与。全员参与的广泛性使得大学生心理健康教育工作成为一个大众群体的互动过程，具有大众化的特点。

客体的全员参与是指教育工作要覆盖到全体受教育学生，全体受教育者也要在受教育过程中调动自我的身心能量，去审视和思考自己的内心世界，完成心理成长。主体的全员参与是指这项教育工作不仅是本课程授课教师和辅导教师的事情，而且还是思政课教师、其他专业课教师、管理和服务人员都要积极参与的一项大众化、普及化的教育活动。在心理健康教育过程中，这种全部主体和客体的相互作用、相互影响共同完成了“助人-自助”循环下心理健康素质提升的目的。

同时，学校、家庭和社会对心理健康教育潜移默化的环境影响也强化了其大众化的特点。学校作为联结家庭和社会要素的纽带，需要思考如何利用学校、家庭和社会的有利元素找到学生心理健康素质提升的有效路径；需要考虑如何把学校、家庭和社会的有利元素应用到学生心理健康教育的每个环节当中；需要思索如何在三个环境要素中实现教育方式的多样化。完成“全社会都关心大学生健康成长”和“营造良好社会氛围”的社会感染效果，通过家庭教育方式沟通达到“家校共育”的目的，从而实现学校、家庭和社会“三位一体”的大众化、普及式心理健康教育。

3. 标准化与规范化齐头并进

21 世纪前 20 年，在党和国家政策引领和高校的摸索实践下，大学生心理健康教育工作的内容、方法、管理、师资及制度等各个方面都更加标准和规范，为高校学生心理健康教育工作的开展提供可量化、可操作、可应用的标准化和规范化教育模式。

（1）工作思路、内容和方法日益明确

《高等学校学生心理健康教育工作指导纲要》确定了形成课堂教育和课外教育为主渠道的心理健康教育网络和体系；提供了通过咨询辅导、早期筛查、正面宣传和第二课堂开设等方式实现心理健康教育的工作途径和方法；提出了编写培训教材及科普读物、成立大学生心理健康教育工作领导小组、建立专兼职教师队伍并对其进行专业培训、组织督导工作、开展课题研究及学术交流和场地及经费保障等方面的指导意见和要求。

（2）建设标准日益规范

《普通高等学校学生心理健康教育工作基本建设标准》提供了规范的体

制、师资、教学、活动、服务、干预和条件建设等的标准；提出了从人才培养体系建设和三级网络建设等方面进行体制建设，从师资配比和资质要求及培训等方面进行师资建设，从课程设置及教学方法等方面进行教学建设等的要求，使高校学生心理健康教育的建设标准更加规范。

（3）课程教学要求日益细致和规范

《普通高等学校学生心理健康教育课程教学基本要求》从教学大纲、教学目标、教学方法、教学内容、教学评价等多个方面提出了细致和规范的课程教学标准和要求。

可见，经过21世纪前20年的发展，大学生心理健康教育不但有了更加明确的工作思路和工作方法、日益规范的建设标准，其课程教学的要求也越来越细致和规范，呈现出标准化和规范性齐头并进的特点。

（二）大学生心理健康教育发展过程的启示

21世纪前20年来，大学生心理健康教育工作的迅猛发展，得益于科学的理论指导、与时俱进的思想、结合学生实际、专业化的师资和良好的环境保障。

1. 科学的理论指导

科学的理论指导是大学生心理健康教育得以发展的前提。21世纪前20年来，全面发展理论、科学发展观、唯物主义哲学等科学理论确保了心理健康教育发展的正确方向。教育学、心理学等相关理论的具体指导使该工作的教育方法和教育内容更具有针对性，保证了心理健康教育的实际效果。另外，结合中国传统文化的修身哲学，借鉴教育学理论和西方心理学理论，确定了心理健康教育的概念、实质、理论基础及教育模式等问题，理清了心理健康教育的目标、内容和方法等，为高校开展和实施心理健康教育工作提供了具体思路。

2. 与时俱进的思想

来源于西方的心理健康教育能够在中国本土得到发展，得益于与时俱进的思想。21世纪之前，在我国心理健康教育并未被作为独立的教育内容受到重视。21世纪之后，随着人们心理健康教育意识的发展，《关于进一步加强和改进大学生思想政治教育的意见》中，明确提出将心理健康教育作为思想政治教育的有效途径之一。我国的心理健康教育走出了一条与思想政治教育融合发展的道路，体现了心理健康教育的中国特色。另外，心理健康教育的模式和内容也随着时代发展体现出与时俱进的思想。如网络咨询平台、网络宣传和在线培训等方式，是伴随网络的普及及其隐匿性、量大面广和及时互动等特征出现的网络心理健康教育新模式。再如，针对新世纪社会发展与变革中出现的留守成长经历心理问题、单亲家庭心理问题、网络心理问题、社会适应不良、性格缺陷和违法犯罪极端性心理问题，各高校积极组织专业人员进行专门的研究，以积极寻求伴随社会发展与变革出现的新问题。

3. 结合学生实际

大学生心理健康教育的内容要切实解决学生需求。教育方式要被学生所接受，就必须要结合学生实际需求，以学生喜欢的方式进行教育。如大学生作为一个易于接受新生事物的群体，比较容易接受社会发展与变革中出现的新鲜事物，但其生活和思想也随之快速地多元化和复杂化，极易出现片面、狭隘的思想和迷茫、彷徨的状态。高校应及时把控学生的状态和需求，在心理健康教育的内容中及时扩展婚恋问题、网络依赖、就业困惑、学业规划等问题，同时以大学生易于接受的谈心交流和体验参与等方式进行教育。

4. 高素质的专业化师资

心理健康教育独立的理论体系、专业的工作方式、科学的研究方法等都要求其师资队伍必须具备专业的知识储备和素质涵养。为此，21 世纪以来，大学生心理健康教育师资队伍的学历背景、专业知识储备、专业技术方法都越来越专业化。同时，对师资队伍的常态化培训也是确保其提高专业素养和职业素质的有效途径。另外，心理卫生医师的加入也是该项工作专业化的体现。

5. 良好的环境保障

心理健康教育的发展和实施离不开良好的环境保障。党和国家发布的很多有关心理健康教育的文件中，对后勤和管理的环境保障提出具体要求，如要求确保心理咨询的场地和心理健康教育的经费等；提出了倡导全员全过程参与，建立学校、学院、班级为一体的心理健康教育“三级网络”，开展舆论宣传，营造良好的媒介环境等环境保障建设的途径。

21 世纪前 20 年，党和国家的高度关注与政策支持体现了国家层面对大学生心理健康教育工作的高度重视，高校的积极配合与得力实施保障了基础层面心理健康教育工作的发展。其科学的理论指导、与时俱进的思想、联系学生实际、高素质的专业化师资及良好的环境保障，使我国的大学生心理健康教育呈现出其独立性与融合性协调发展、专业化与大众化交相呼应和标准化与规范化齐头并进的特点，走出了一条我国大学生心理健康教育的中国特色之路。

第二节　高校大学生心理健康教育改革的范畴与形式

经过20年高速度、规范化发展的大学生心理健康教育，需要进入到高质量、创新性发展的新阶段。教育模式体系、师资体系、咨询体系、制度体系等的建构都属于大学生心理健康教育改革的范畴。从教育形式而言，课堂教学和非课堂的日常教育都是教育改革的具体形式。

一、大学生心理健康教育改革的范畴

（一）教育模式体系的建构

目前，我国大学生心理健康教育的模式体系正以“发展—实践式教育模式”向“系统化—多元化教育模式”体系转变。

“发展—实践式教育模式”体系是在国家政策的引领下，倡导以了解学生身心特点和发展规律为前提，通过系列教育引导学生实践的教育模式。如教师立足学生特点，关注个性发展，拓宽心理健康教育的内容和演绎形式，以多重评价来促进学生心理健康素质的提升。再如教师通过与学生的深度交流，了解学生的需求和特点，并据此设置情境，通过有效的教学引导学生经历、感知并应用所学知识，达到促使学生将所学内容进行实践应用的目的。

“系统化—多元化教育模式”体系是在系统论和管理学应用基础上，将心理健康教育及其相关因素作为一个系统。该模式认为各因素之间是相互关联的整体，各因素间统筹协调，为提升学生心理健康素质的目标，相互关联又各自独立地开展教育，形成多元化的教育模式。

（二）师资体系建构

大学生心理健康教育师资体系经过20年的发展，正在由数量式发展向质量式发展转变。2011年《普通高等学校学生心理健康教育工作基本建设标准》规定每个高校配备专职教师人数不得少于2人，要求专职教师每年接

受培训不得少于40学时。在政策要求和支持下，各高校迅速建立起各自的心理健康教育队伍。但由于时间的紧迫性，师资队伍中成员的专业性不够，缺乏大量的思想政治教育、教育学背景和从事教育管理专业的教师。而随着后几年师资的引进和培养，大学生心理健康教育师资队伍的质量有了很大的提升。2018年《高等学校学生心理健康教育指导纲要》对师资队伍的建设要求就更加专业。除了提出师生比例不低于1∶4 000的要求外，还规定专职教师要有相关学历和专业资质。可见，大学生心理健康教育的师资队伍在由数量化向高质量发展。

另外，师资队伍建设还呈现独立式与相关性紧密融合的特点。如国家文件中关于师资队伍建设的人员范围，由2004年的专兼职心理健康教师和思想政治教育教师扩展到2011年的所有教职员工，提出高校所有教职员工都有责任引导学生健康成长，倡导所有教职员工在各自教育阵地上发挥对心理健康的直接和间接教育作用。再有，虽然目前心理健康教育仍然被作为是思想政治教育的重要途径与思想政治教育相辅相成、融会贯通，但各自师资队伍的建设基本独立，各自按照独立的教育体系和理论开展教育活动。

（三）咨询体系建构

咨询体系是心理健康教育相关工作中最具专业性的内容。目前的咨询体系建构一般以思政教育谈心的形式常规化的存在，往往以个别咨询、团体咨询、电话咨询、网络咨询、班级辅导、心理行为训练等多种形式，针对某种存在普遍问题的特别群体（如入学新生、应届毕业生、贫困学生、单亲学生、学习困难学生、失恋学生、违纪学生、言行异常学生等）进行心理辅导和咨询。咨询体系建构面临的困难，是教育背景的师资队伍无法完成心理问题的诊断、严重心理障碍及精神问题的初期初步治疗。没有精神科背景、医师资质和处方权，亦是当前心理健康教育师资队伍在工作中面临心理咨询和心理治疗边界问题时处理不清和处理不当的主要原因。所以，未来的咨询体系建构应将医学背景的心理治疗师和精神科医师纳入师资队伍中来，以扩充咨询体系，或至少可以减少当前咨询工作中受到掣肘的情况。

（四）制度体系建构

制度体系的建构在国家政策的保障下呈现出了由上而下的，从国家政策到高校实施的形式上皆臻成熟的特点。表面看来似乎只要各高等学校严格按照国家政策的要求进行操作，组织相关教师培训、制定各种规章制度并上墙展示、按要求提供场所和资金等，就可以使比较好的制度体系得以保障学校心理健康教育教学工作的有序开展。诚然，这种形式上的完善和成熟是大学生心理健康教育工作得以开展和发展的前提，但也不可否认这种形式上的完善正是心理健康教育工作低质量运行的遮羞布。这会使得一些高校和相关工作者在从事心理健康教育的过程中过分追求形式化，认为只要完成政策和学校制度上的要求，这项工作就圆满完成了，而不再去追求工作的高质量。因此在制度体系建构中，缺乏大学生心理健康教育工作的内在评价标准，而只建构了外在的评价标准。所以，各高等学校应在制度体系的改革上由外在转向内在，在目前制度保障的前提下，进行心理健康教育的内在制度体系建设，以提升大学生心理健康教育的质量和创造性。

二、高校大学生心理健康教育改革的形式

生活化教育与课堂教育是大学生心理健康教育实施的两大途径和重要手段，两者既可以独立进行，又可以交叉融合。

（一）课堂教学改革

课堂教学改革是目前大学教育改革的重要内容之一。大学生心理健康教育课程与其他专业课程存在较大的不同，那就是课程目标的差异。专业课堂的目标是掌握专业知识以获得谋生的专业能力或手段；而大学生心理健康教育课程的目标，是通过课堂教学体验、思考和实践自身生活经验中的心理学常识或解释，从而做到更好地提升自我意识能力、人际交往能力和情绪调控能力，以使自己成为更加理想的自己。所以，课堂教学的内容、形式及评价体系会有很大的不同。这意味着其课堂教学必然不能直接照搬或应用其他专业课程的教学方式。该课程要求教学目标更加科学合理；教学内容更加符合学生实际；教学不拘泥于形式，以引发学生思考和体验为主；教学的评价，以内在评价为主、外在评价为辅。

按照美国著名教育学家布鲁姆的观点，课堂教学目标可以涉及认知、情感和技能领域。大学生心理健康教育作为一门能力提升课，在教学目标上与其他专业课程的差异在于三大领域目标的侧重程度、应用范围广度和效果预期上。

如专业课程的目标更多地以认知领域的理论学习和掌握为主，而大学生心理健康教育课程则只需理解某些心理学理论、知识和自我经验及社会感知的关系，不要求学生必须记忆、背诵那些理论知识。以学生为中心，专业课程的课程目标设立的方向是单向的，较少把过去经验纳入其中，而大学生心

理健康教育课程的目标则应是双向的，不但要求学生进行新信息的输入，还需要学生把新知识、新信息与自我过去的经验相融合。专业课程对技能目标的要求以现实操作（如电路原理、护士静脉输液等）和相关领域的运用（营销、管理、教育等）为主，而大学生心理健康教育课程的技能目标则体现在日常生活的方方面面中。为此，专业课程的教学目标可以通过课堂提问、交流和现场演示，或通过专业领域的实践操作来有效完成，对其各项教学目标预期的可预见性较强。大学生心理健康教育课程的教学目标难以通过课堂检验来完成，更不可能期望通过半学期、几十个课时的课程就能显著提升学生的心理健康素质。

所以，大学生心理健康教育课程的教学目标，应是符合客观生活实际、符合学生个体发展实际、预期效果，主要在于启发而非提升的目标。如在“自我意识”部分中，逻辑思路是：首先需要讲清楚自我意识与心理能力之间的关系，让学生明白为什么可以通过关注自我意识来提升心理健康水平，再确定如何提升自我意识。那么授课目标为：认知领域中，了解两个可以帮助个体理清自我意识水平的理论；情感领域中，则在授课过程中边讲边引导学生从自我经验中挖掘与该理论相关的元素，引导学生进行深入的自我参与，多回忆、多感悟、多思考；技能领域中，则是将所学自我意识理论在日常生活中加以应用。以上这些目标难以通过课堂表现或知识考查进行评价，其授课效果也较难通过肉眼短时间进行观察，所以其制定目标的目的都应以启发意识和启迪思想为主。

（二）非课堂教育（生活教育）形式改革

所有不通过心理健康课程课堂授课形式进行的心理健康教育，都是非课堂的教育形式。目前高等学校开展的非课堂教育形式主要有：通过辅导员（班主任或导师）进行的日常生活教育；类似于“课程思政”的，通过其他课程教师进行的课堂潜在教育；开展各种心理健康教育活动；发挥教师的人格魅力；其他教育形式等。这些都是公共卫生社区教育和组织教育模型的设计思路。

日常生活教育：心理健康教育和思想政治教育是高校辅导员和其他管理者工作的重要内容。在学生的日常生活教育中，要求辅导员密切关注学生的心理健康状况。为辅导员安排各种有关心理健康教育的培训，是各高等学校关注学生心理健康的表现。大学生的心理健康教育经常与思想政治教育交叉、融合在一起，且往往以思想政治教育中谈心的形式进行。目前，高校辅导员经常通过了解学生的家庭关系、人际关系、恋爱关系、学业规划及情绪状态来关注其心理健康状况，并进行初步的“谈心咨询”或上报、转介。所以，随着大学生心理健康教育的深入发展，要求辅导员等学生管理工作人员需要掌握对学生进行初步咨询的基础专业心理咨询技术，以增加心理健康教育的初期筛查及干预工作的专业性。

其他课程教师的潜在教育：在传统教育工作中，大学生的心理健康教育工作使心理健康教育任课或辅导教师、学生管理工作人员的工作，与其他公共课、专业课等课程任课教师的关系并不大。然而，大学生心理健康教育应该是所有教育者的工作内容，只不过侧重点不同。所以，其他课程教师的潜在心理健康教育对于提升大学生的心理健康素质也有较大的促进作用。其他非心理健康课程的任课教师，如果也在课堂授课中挖掘心理健康教育的元素，并对学生进行潜移默化的影响，在很多情况下会比辅导员和心理健康任课教师的直接教育更有效果。

心理健康教育活动：心理社团是各种心理健康教育活动的主要组织者，心理健康教育中心和各院、系的心理健康辅导教师、学生以及工作人员是心理社团的指导者。这种“学校—学院—社团”的三级心理健康教育体系，是目前大学生心理健康教育重要保障。心理健康教育活动的形式主要有知识宣传普及、朋辈辅导、大赛或研究三类。如利用每年 5 月份的“大学生心理健康月”活动进行心理健康知识的普及和宣传；通过对社团和班级心理委员等骨干成员的培训，引导朋辈互助和心理辅导，通过骨干成员影响更多的学生；举办“心理健康星”大赛，展示榜样的人生历程和树立典型形象；开展心理健康项目的研究，在调研过程中实现自我提升。

发挥教师的人格魅力：教师群体是大学生接触的重要人际关系群体。学生感受到的教师魅力和对教师的情感及评价，对大学生的价值认知和世界观念起到重要影响。所以，各高校应对师资队伍进行师德和心理健康教育技巧培训，建立健康的师生关系和发挥教师的人格魅力，从而对学生产生正向的影响。目前大学本、专科阶段的师生关系较之中小学阶段较为淡薄，如何鼓励教师和学生建立健康的师生关系，发挥教师的人格魅力对学生进行潜在的影响和教育是值得思考的途径。

其他教育形式：旨在提升心理健康素质的学校文化建设等也是目前高校的常规做法。如开展系列读书活动，引导学生多读书、读好书，鼓励学生分享读书体会，践行读书所得；利用学校的校训、校风等文化建设内容引导学生的心理健康素质等。另外，针对一些社会问题的志愿活动组织也是很好的心理健康教育形式。如针对留守儿童问题建立假期社会实践支教志愿者队伍，针对国家和地方重大活动组织的服务志愿团队等。

第三节　大学生心理健康教育改革的价值与趋势

一、大学生心理健康教育改革的价值

（一）大学生心理健康教育改革的内涵价值

大学生心理健康教育的改革应在社会动态发展的要求下，为适应和满足个体及社会群体需求而进行。其改革的核心是心理健康，这对心理健康的发展和研究有一定的内涵价值。

1. 促进心理健康内涵的探索和发展

心理健康的内涵发展经历了病理取向、社会适应取向和发展取向三个阶段。病理取向将消除心理疾病、没有心理疾病的状态视为心理健康；社会适应取向强调社会适应和社会能力的发展；发展取向则注重人潜能的发展，促进个体实现自我发展和价值。这是一个从个人—社会—个人与社会协调发展的上升和进步的过程。

大学生心理健康教育改革的内涵，既不是心理健康内涵发展某个阶段的独立实践，也不是专门针对大学生个体或群体的社会适应或价值实现，而是既包括心理疾病，也包含社会适应，还涵盖个体及群体的自我价值体现。大学生心理健康教育改革的具体内涵是受到教育实际和学生切实需求影响的。针对心理疾病群体，进行消除心理疾病的干预和精神疾病的预防，并进行干预和预防理论、技巧的改革，以提升干预和预防效果；从社会需求的角度着眼于大学生社会能力的培养和提升，思考教育方式、方法和手段改革；以大学生的个体长远发展和自我价值实现为最终目标，考虑影响个体心理健康的多种因素，进行有针对性的预防教育。

目前的大学生心理健康内涵早已经融合了中国特色社会主义国情、文化认同与传承、民族进步、社会与自身发展等多个方面。首先，社会主义的责任感和民族使命感是当前心理健康内涵的核心内容；其次，继承和发扬优秀传统文化，推动中华文化进步是当前心理健康内涵的重要层面；最后，将自我智慧用于社会发展之中，实现自由而全面的发展，是当前心理健康内涵的主要内容。当然，精神卫生疾病的预防在内涵中的地位不容改变。

可见，大学生心理健康教育改革应从个人、社会及其两者的协调发展和适应融合的视角思考改革实施路径和方案，这种改革实践既是对心理健康内涵的新探索，也是一种有力的促进。

2. 促进心理健康教育内涵的发展和进步

心理健康教育要符合心理健康的内涵和教育发展的双重要求。即通过一系列的教育活动，用心理健康的标准来培养具有社会责任感和使命感、以中华优秀文化传承为己任、将自身发展和社会发展当作完美自我价值实现的人。

所以，心理健康教育的核心内涵应是提高心理素质，需要以中国特色的心理健康和社会主义教育为指引，以实现心理健康教育的本土化和时代性；心理健康教育还要做到与思想道德素质、文化素质、专业素质及身体素质等其他教育内容既融合促进又边界清晰，并保持地位平等的并列关系，在教育过程中不能厚此薄彼，要做到平等协调地发展。

可见，大学生心理健康教育的内涵既包括传统的心理疾病治疗、精神卫生问题预防和基本适应问题，还要培养大学生的责任感，使其具有勤奋独立、积极良好的心理品质和健全人格。

（二）大学生心理健康教育改革的理论价值

改革开放 40 多年来，尤其是 21 世纪前 20 年的迅猛发展，使得大学生心理健康教育已经初具规模、成效显著，其发展也已经逐步走向全面和深入，其中贯穿发展全过程的科学理论指导是重要的、基础的原因。科学理论的指导在大学生心理健康教育的观念转变、体系建构和问题解决中起到了关键的引领作用。

发源于西方的心理健康教育及其理论和教育思想，在我国本土化发展的过程中遇到了“水土不服”的问题，在与时俱进和新问题的解决中被旧有观念所桎梏。马克思关于人的本质和人的全面发展理论对大学生心理健康教育的科学论证，改变了人们对心理学、教育学学科地位的怀疑，也转变了人们对学科地位的漠视和对其教育方法的排斥，提升了心理素质的意识，促进了学科的发展；在心理学、教育学等科学理论的基础上，提升了对大学生心理健康教育的正确认识，扭转了教育干预单纯针对心理疾病的观念，树立了提升素质、塑造人格、培育自我与社会融合发展人才的正确理念。可见，科学理论的指导促进了全社会对大学生心理健康教育的认识与在认识、辨析与讨论，完成了观念的转变，保障了大学生心理健康教育工作的科学性和系统性发展。

在科学理论的指导下，建构中国特色的大学生心理健康教育体系确保了其体系建设的方向道路、内容方法的科学性和实际性。以心理学人本主义思想为指导，以满足更广大学生的心理需求和社会需求为目的，将以“心理疾病为中心”的病理取向改变为“预防为主，早发现，早治疗，早干预”的较为主动的心理健康教育指导思想，将心理健康教育的理念引入大学生的日常生活之中，以满足学生心理发展的需求；结合社会发展的现实和人才需求状况，引导学生全面发展的同时，积极关注正向的心理品质；同时，以科学发展观和实践理论为指导，建立符合实际情况便于实践的师资队伍，鼓励辅导员学习心理健康知识，选拔有一定心理健康理论基础的辅导员和心理健康专兼职教师从事心理健康教育工作，以实现德育、思政教育与心理健康教育的有机现实融合；另外，面对大学生出现的新心理问题（如网络成瘾、目标定位缺失、新型人际交往障碍等）和教育过程中的新问题（独生子女教育、单亲家庭子女教育、留守儿童教育问题等），在心理学和教育学理论的指导下，寻求与时俱进的创新思维，将心理健康干预手段和方法与社会时代特点相结合，探讨理论与方法的创新与实践。

然而，多理论的融合并不能忽视或掩盖心理障碍和精神问题的预防及处理这一重要的心理健康教育内容，况且这一内容与教育性和发展性理论本就是相辅相成的。多理论、多方法、多渠道的融合本就是公共卫生健康促进理论与实践的应有之义。公共卫生健康促进的理论多与心理学模型相通，如基于个人的健康信念模型、健康行为转变的阶段和基于群体健康行为的社区与组织建设模型等，都是目前应用比较广泛的公共卫生健康行为理论与模型。这些理论与模型从认知、信念等主观领域到行为转变的客观结果，再到群体的社区或组织干预，均是考虑心理健康因素下的公共卫生健康促进与健康教育理念。

（三）大学生心理健康教育改革的实践价值

大学生心理健康教育的改革应该是有坚强理论基础的，有周密设计方案的，针对当代大学生实际进行的改革实践。其实践本就是公共卫生领域健康促进与健康教育的重要内容，高校作为社区或组织进行的实践载体既可以促进大学生心理健康教育活动的开展，又可以增强大学生心理健康教育的时效性，切实培养大学生的心理品质和健康人格，同时还可以为同类高校的同类心理健康教育工作提供经验借鉴。

通过大学生心理健康教育的改革实践，凝练出的大学生心理健康教育的理论和工作经验，既是一种现实做法，又能够为大学生心理健康教育工作的开展提供理论支撑；总结大学生心理健康教育工作实效方法，既可以为其提供成熟的工作方法，又能为高校专兼职辅导员和专兼职心理健康教育工作者提供经验。如21世纪前20年来，国内学者通过大量的教育科研研究，在了解和分析我国国情和大学生心理健康教育及大学生心理发展规律的前提下，针对当前现实问题提出的解决对策，针对现实的可行性途径提出的心理健康教育与思想政治教育结合的工作方法，针对心理健康教育课堂教学问题提出的课程设置和教学计划方案，针对师资队伍专业化与职业化程度低的问题提出的辅导员选拔与培训、专兼职心理健康教育辅导教师等工作经验，及其日益完善的工作制度等，都对当前我国的大学生心理健康教育工作提供了宝贵的经验。

（四）大学生心理健康教育改革的思政价值

是“包含与被包含”关系还是“并列”关系，这是心理健康教育与思想政治教育关系争论的两种不同的观点。前者将心理健康教育当成是思想政治教育的重要组成部分；后者则将两者都看成是素质教育的重要组成部分。但实际上，两者更应该是一种“交叉”关系。

虽然两者的研究对象一个是心理现象，一个是思想品德，但其研究的客体对象完全一致，都是在校大学生；尽管两者的理论基础分别是马克思主义理论和心理学理论，但却有很多的理论交叉，都对心理学理论、马克思主义理论及教育学思想的借鉴和沿用；虽然两者的教育内容各不相同，但其教育目标都是为了实现人的全面发展，且在教育方法和教育形式上有很多相似之处；尽管两者的教育载体特性不同（心理健康教育是“中立”的，思想政治教育则有明显的阶级性和政治色彩），但其教育环境、教育客体（大学生）和教育载体（语言、文字、活动及管理工作等）却完全一致。

大学生心理健康教育理念和方法的引入，可以刺激思想政治教育主体及中心的转变，实现主客体之间的平等互助及信任的关系，可以促使大学生思想政治教育的意识由“管理者”向“服务者”转变，从“权利”向“责任”转变。

可见，大学生心理健康教育改革是心理健康教育工作的创新和促进，必然也与心理健康教育工作一样，与思想政治教育工作既有区别又密切联系、既相互促进又相互统一。大学生心理健康教育的改革能够通过促进大学生身心健康实现身体和精神方面的生存保障；通过健全大学生人格实现个体的政治人格、道德人格及非智力因素等方面补偿；通过完善大学生思想政治教育结构实现个体社会性功能的优化。

二、大学生心理健康教育改革的趋势

经过规范化发展阶段之后的大学生心理健康教育该向哪个方向走、如何走，是广大心理健康教育工作者思考的问题。

基于此，结合大学生心理健康教育改革的现状，本着教育性和发展性、实用性和指导性、前瞻性和操作性的原则，就当前大学生心理健康教育改革内容、改革形式、改革的理论基础、改革效果评价及改革模式的推广等问题进行思考，作出相应的改革规划，并画出改革发展的规划图。

（一）改革内容的宽广性发展

客观上，心理健康教育是一个长期而持续的过程。大学阶段的心理健康教育教学应该在每个学生接受大学教育的每一年和每一个阶段中进行。目前，我国的大学生心理健康教学活动往往只在大一阶段开展，其他的心理健康教育活动核心阶段则主要发生在大学的中间阶段，其教育教学活动的持续性和系统性还有待提高。

大学阶段主要分为三个时期：新生入学适应期、学习成长期和职业前准备期。教师应该根据学生所处的不同时期进行相应的心理健康辅导，这对于学生顺利从学校过渡到社会具有重要意义。

入学适应期，教师要引导学生进行环境适应，调节自我认识，帮助学生解决学习方式、人际交往、情绪等方面的心理困惑。教师除了教授学生专业知识以外，更要提高他们的心理能量，多去肯定、认可学生做好自我探索、自我认知工作。

学习成长时期是需要引导学生心理成长的关键期，教师要帮助学生提升自我效能感，提高学生人际沟通能力、增强他们的情绪管理能力。生活中培养学生提高自我效能感会让他们在将来的职场上充分展示出自我效能感。比如，指导他们学会累积一些微小的成功，针对比较自卑的学生，就其自卑的原因，教给他们一些克服自卑的技巧，提升他们的自我效能感。而学会与人沟通和控制、调节好情绪能使学生获得理解、支持、安慰，并在将来的职业上获得友谊和信任。其中，与异性交往的能力也是这个阶段需要学习和培养的重要能力。按照埃里克森的人格发展八阶段理论，大学阶段正好是获得亲密感，避免孤独感的关键期。在此阶段形成有效工作与亲密能力的人更能充分体现社会化，否则就会离群索居，回避与别人亲密交往，获得孤独感。

最后一年是学生走向职场的前期准备阶段，学生将从单纯的校园走向复杂的社会，教师需要引导他们学会应对各种困难挫折、承受压力，拥有积极的心态追求幸福。而心理健康课程中教师能传授的，学生能体会的实在很有限，因此，我们可以通过校园开展讲座、素质拓展活动和心理专题活动来丰富心理教育的内容。

所以，大学生心理健康教育活动需要针对大学不同阶段的特点和学生发展任务进行设计和组织，通过分析不同阶段学生的需求和心理发展规律，培养大学生的适应能力、人际交往能力、情绪管理能力和抗挫折能力等，提升大学生的自我意识水平和自我效能感等水平，从而提升大学生的综合心理健康水平。

另外，针对教学活动内容的扩展，可以从必修课和选修课的课程上进行改革。如保留大一年级已经开设的“大学生心理健康教育”这一公共必修课程。并在此基础上，针对学习成长期和职业前准备期两个阶段的学生，开设相应能力提升的选修课程。如针 对人际交往能力的“人际交往心理学”，针对自我意识提升的“自我心理学”，针对亲密关系的“爱情心理学”和针对职业选择的“大学生职业发展规划”等等。通过课程教学满足学生对各方面心理能力提升的需求，使学生获得系统而全面的教育。

（二）改革形式的多样性发展

心理健康教育课不是仅仅向学生讲授心理学理论的课程，教学形式也不应该是单一的。在心理健康教育的过程中，应该通过生活中的案例让学生从生活中体会，在各种情境活动中体验，使学生在体验中得到感染，在体会中得到思考，心理健康意识在培养中得到提高。所以，大学生心理健康教育改革形式是更加多样化的，不限制于教室授课、教师讲课的形式，更不拘泥于教学计划的按部就班和循规蹈矩，而应该是及时且即时的、随时调整的、灵活多变的。

1. 联系学生实际

不仅大学生心理健康教育的内容需要联系学生实际需求，而且其教育教学的形式也必须是符合学生现实的。例如，根据当今教学改革的新标准，教师一味单向传授理论知识的模式早已经不适合当今高校学生，而课时少却有着重要教育意义的心理健康课程更应该淡化理论知识讲授，突出其实用性，从生活中提取素材，丰富课程内容。通过分析与学生密切相关的案例来引发学生的思考，帮助学生调节适应、困惑，触动其心灵，引起他们对心理健康的关注。针对网络及自媒体时代发展的现实状况，授课过程和教育形式都需要利用网络的优势。如建立大学生心理健康教育平台，发展朋辈的自媒体宣传（抖音、快手、微信、QQ 等）。针对大学生与辅导员联系密切、交流多的特点，成立辅导员工作室，探讨大学生心理健康教育的经验和教训，讨论大学生心理问题的解决方案，学习大学生心理健康教育的基础理论和专业技术等。

关于理论知识的淡化不是不讲，也不是泛泛地讲理论知识，而是选择那些与学生实际需要和实际问题有关的核心理论进行深入的讲解。其标准和原则应是选择与现实需要相关的，深讲现实需要背后的，使学生深刻理解目前问题的深层原因和逻辑关系。

2. 学习活动形式多样化

根据罗杰斯的人本主义学习理论，教学目的不在于使学生掌握书本上的知识，而应使学生以自己为主体，通过多样化的教学活动，在发挥学生的自主性、创造性的同时，引发他们对活动内容的探索，加深学生的理解和认识。小组讨论案例和根据主题进行角色扮演，有助于加深学生对心理问题的认识，培养学生的调适能力。团体辅导活动能帮助学生们认识自我，了解别人，引导学生分享活动感受，培养团体意识，掌握沟通技巧，提高处理人际关系的能力。还可以把学生自编自演的心理剧运用到心理健康教育课程中，通过在思考编排中使学生发现自身存在的心理问题，加深自我认知，还能对他人的行为产生反思。这些教学方法改变过去传统的知识传授型，变为活动教学型，但教师要善于注意引导学生的参与意愿，提高学生的参与度，鼓励学生积极地分享自身感受，注重学生的情感体验和心灵感悟，并及时地给予肯定。以形成一种良性刺激，激发学生拥有较强的学习欲望。

3. 改革传统的教学评价

目前很多高校在心理健康课程的考核中，依旧采用卷面考试作为考核的手段，这种考核方式容易忽视学生心理健康素质的培养，影响学生学习质量和教师的教学效果，因为心理健康的教育和教学效果具有内隐性和自评性的特点。内隐性使得个体的心理健康水平无法通过短期观察和一份试卷来进行考核，自评性是指个体的自我成长评价，比他人对自己的评价、对个体自身积极能量的获得程度和感受有明显的差异。即自我评价成长和他人成长评价在同样提高程度时，自我的评价所获得的积极能量要显著高于他人评价。所以，卷面考试的考核方式只适用于考查大学生对心理健康理论知识的掌握程度，而不能测量心理健康教育教学的效果。

教师应该根据活动内容形成多样化的考核评价方式。如活动中的小组讨论和成果展示可纳入考核方案中，促使学生能积极参与到心理健康学习课堂中，激发学生的兴趣，调动他们的积极性，促进他们主动学习，强化主体意识。在罗杰斯的人本主义观点中，反思性教学评价是一种新的教学评价方式。这种教学评价方式是教学中教师的反思性教学与学生的反思性学习的有机统一，使教师不断反思提高教学能力和水平，学生能不断地自我思考，更主动、有效和持久地进行心理健康的学习。另外，学生某一方面心理健康能力的提升效果还可以通过前后对比实验和相应的心理量表来测量和评价。

（三）改革理论基础的指导性

科学的理论指导是大学生心理健康教育改革的前提和效果保障。如何在纷繁复杂的马克思主义理论、教育学及心理学等相关理论中找到适合的理论指导，是确保大学生心理健康教育改革成效的关键。

按照理论的创新程度，可以将理论基础分为两个层次：原始性理论和创新性理论。原始性理论是从众多理论中选择可以具体指导大学生心理健康教育改革的现成理论。在运用原始性理论进行指导的过程中，需要判断理论运用条件与心理健康教育教学改革实际的切和性，切忌生搬硬套。如心理咨询过程中，咨询师需要了解多种咨询技术背后的理论基础，在熟练掌握几种咨询技术的前提下，明确咨询理论和技术与咨询问题的针对性和契合性；创新性理论是在综合多种原始性理论的基础上，有选择性地整合那些适合某种普遍性问题的理论，并对其进行加工处理，使其成为与该普遍性问题更为契合、更有针对性的新生理论。如针对大学生社会能力的培养问题，国内学者田录梅等在融合国内外多种原始性理论的基础上，创新出专门针对社会能力提升的成分模型、过程模型和棱柱模型，对大学生社会能力的培养提供有针对性的、可操作的理论性指导。

所以，恰当地选择和创新大学生心理健康教育的理论基础，增强理论基础的指导性是当前大学生心理健康教育领域的趋势，也是众多心理健康教育工作者着重思考的方向。

（四）改革效果的实效性

大学生心理健康教育需要改革的原因与当前的发展现状密不可分。改革是因为目前的大学生心理健康教育方式和方法与其想要实现的目标出现了脱节，是因为当前的大学生心理健康教育已经与社会发展的现实不相符合。如大学课堂早已变成师生互动、畅通交流、讨论常态化的授课形式，将原始课堂中“以教师为中心”改为“以学生为中心”是确保授课效果的保证，所以，以形式提升课堂教学改革的实效性是一种有效的手段，我们可以通过改革大学生心理健康教育的过程来保障改革的效果和实效。

如何评价改革效果，也是当前大学生心理健康教育改革的重要内容。体现改革效果需要改变评估。就个体而言，如何体现大学生心理健康教育改革帮助大学生提升了心理健康素质和能力呢？原始的课堂教学考核方式当然不能。如果说在心理健康教育课程考试中取得高分或完成了学分要求的学生，其心理健康素质就得到提升了，这显然是无稽之谈。不能说一个学生的人际交往能力比另一个学生的强，就判断前者的社会能力提升的比后者要多。大学生心理健康教育改革的评估方式需要改革。如可以用试卷考试的形式考查学生对心理学基础知识的掌握情况，用开放性发言、讨论或书面形式表达学生对心理学基础知识运用实践的体会，相互沟通以分享经验，用能力量表或测验来测量学生某个方面的心理能力。

可见，大学生心理健康教育改革的实际效果及评价方式是当前该领域值得深入研究的问题。

（五）改革模式的可推广性

一个课堂、一个学校、一群人的成功改革和实效的作用是微小的，将成功的改革模式扩展推广到更多类型的课堂、学校和人群，发挥改革模式的更大效果，才是大学生心理健康教育改革考虑和关注的目标。所以，如何使大学生心理健康教育改革形成一种可以推广的模式，使其在更大范围内发挥作用，也是目前该领域深刻研究的问题和未来发展趋势。

在社会能力研究领域，实践者团队的老师曾提出了一整套课堂班级干预的方案，并将这套方案经过实验后从一个班推广到 100 多个不同班级、10 多位教师，结果是学生取得了明显的社会能力提升。诚然，这种推广的范围是狭窄的，途径是单一的，还需要进一步地向更长和更广扩展和完善。目前，大学生心理健康教育的改革模式缺乏系统性、统筹性和科学性，经常出现单打独斗和心血来潮的情况，经常是某一任课教师或某一辅导员的个人努力，缺乏制度和人员支持，这会经常出现教师各自为战的情形，缺乏统筹部署，无形中形成资源浪费和决策冲突。曾有这样一个案例：某系倡导教师们在某一学期开展课堂教学改革，并提出了几种改革思路。其中的一个建议是教师为学生推荐几种专业书籍，便于扩大学生的知识学习外延，并建议教师可以选择一本与学生共读，在课上进行交流，以加深师生协作和培养学生的独立思维能力。这个非常好的改革建议和思路，在执行过程中由于缺乏与其他课程的协调和统筹，出现了所有科目教师都给学生布置课外专业读物，使学生一学期所要读的书成倍地增加，增加了学生的负担，忙于应付完成，达不到该模式改革想要达到的目的，最后只能不了了之。可见，这种华而不实、缺乏系统统筹与科学指导的推广是盲目而无效的。

改革模式的推广性需要有一定的“度”。这个“度”要求改革模式在建构之时要清楚明了地确定好该模式实施的前提、适用条件及注意事项，决不能任意地、毫无限制地推广。每一种模式都有其适宜生存的“土壤”，否则极易因出现“水土不服”，而导致“虎头蛇尾”或“半路搁浅”。

（六）实施主体的公共化

高校作为大学生心理健康教育的主要实施主体，实施心理育人的责任责无旁贷。在当前资源共享、信息化程度迅猛发展的今天，将心理育人的主体扩展到政府、社区、学校、家庭和个人等多个方面，是提升心理育人质量的好方法，也与国际上将心理健康作为公共卫生工作重要内容的做法一致。公共卫生工作需要动员社会，这在心理健康维护方面与学校的宗旨是一致的，而广泛发展社会力量形成合力也是促进大学生心理健康教育工作取得良好效果的有效思路。要落实《中华人民共和国精神卫生法》《普通高等学校学生管理规定》（中华人民共和国教育部令第 41 号）和《高等学校学生心理健康教育指导纲要》等文件精神，借势国家政策，获得政府层面的支持，发动社区力量辅助学校完成相应的心理健康教育活动，建立家校合作机制，鼓励个人成长。

（七）大学生心理健康教育改革发展的规划简图

需要注意和强调的是，无论心理健康教育如何发展、如何改革，都应是在公共卫生健康促进与健康教育的框架内进行的，既不能脱离这个框架，也不能离开预防和治疗的主题。当然，大学生心理健康教育的主要内容是围绕预防开展的，涉及治疗的需要转介，心理与行为的内容都属教育的层面。

大学生心理健康教育改革发展的规划可以在公共卫生健康促进的框架下，从内容、形式、理论基础、效果评价和改革模式的推广性上开展。其改革发展规划如图 1－1 所示。

在公共卫生健康促进视角下，以预防为主的大学生心理健康教育发展改革的内容、改革的思路要拓宽，可以针对不同年级、不同阶段的需求设立不同的教育教学模块，有统筹地进行系统教育和改革；形式改革要结合时代特点和学生喜好，设计和选择适合学生和学生喜欢的形式进行教育，做到利用

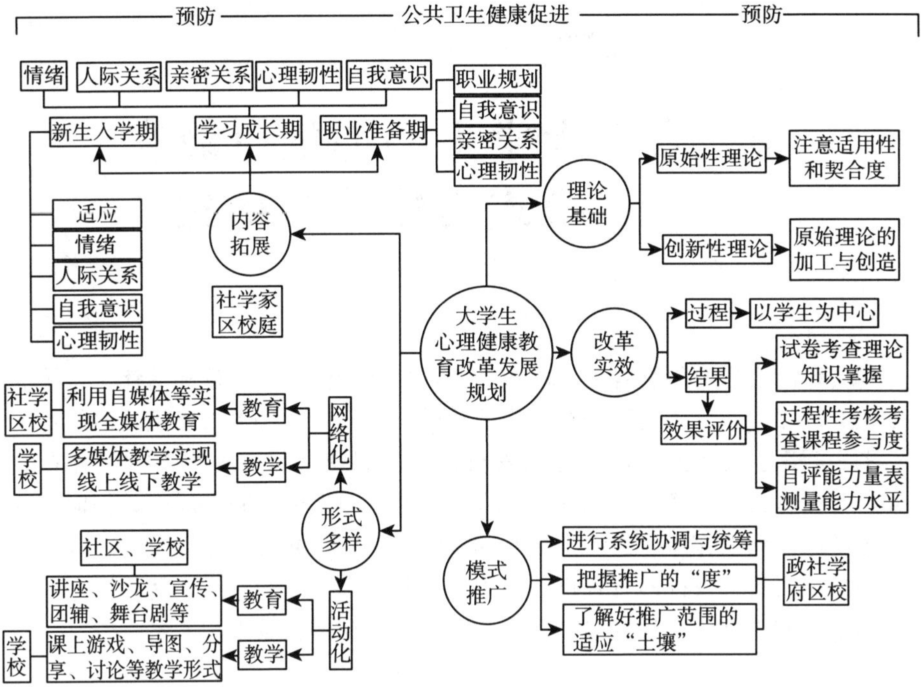

图 1-1　大学生心理健康教育改革发展的规划简图

形式吸引学生的注意，引发学生的兴趣；对每个模块的操作都需要有理可寻，确定每个模块的原理性，进行有力论证，并在理论分析、选择和实践的基础上进行创新；打破传统的教育教学效果评价方式，结合个体和群体心理的内隐性和自评性特点，设计合适的、针对性强的考核和评价方式，以增强心理健康教育教学的评价效果；改革模式的推广则需仔细考虑模式的适用条件和推广度，在可控的范围内确定合适的推广范围。

第二章　大学生心理健康教育模式与体系的构建

传统的心理健康教育工作内容是心理疾病的预防、筛选和治疗，传统的学校心理健康教育则是穿插在思想政治教育工作中，经常由思想政治教育工作者一起来实行。然而，心理健康教育与思想政治教育在很多方面存在差异，其教育目标、教育形式和教育方法等都有很大的不同。那么，如何发挥心理健康教育的作用，达到预防心理疾病的目的，并且与思想政治教育工作相辅相成，充分发挥两者各自的作用，达到 1＋1＞2 的效果，就需要完善科学而准确的大学生心理健康教育教学模式，建构教育教学的体系。

第一节　大学生心理健康教育模式和体系建构

一、大学生心理健康教育模式

解决问题的关键就是模式，即把解决问题的方法上升到一定的理论高度，能够对相关工作提供指导，使同类工作达到事半功倍的效果。

医学模式、教育发展模式和教育综合模式是目前大学生心理健康教育工作的三种主要建构模式。医学模式的主要工作对象是问题学生，以早发现、早干预、早治疗为主要工作原则；主要工作是筛查问题学生，对其进行干预或转介。教育发展模式针对所有学生，以促进个体自我成长，发展和开发潜质为宗旨，提升个体和群体的综合心理健康水平。教育综合模式结合前两种模式特点，在针对全体学生进行发展教育的基础上，对筛选出的问题学生进行及时发现、干预或转介，做到全方位、无死角地保障学生心理健康素质的提升和管理。教育综合模式就是当前公共卫生与健康促进的应有之义。

(一) 大学生心理健康教育的四级网络模式

目前，很多高校在教育综合模式的指导下，建构出一种大学生心理健康教育的网络模式（图 2-1）。该模式以公共卫生部门为上级领导，以学校心理健康教育研究中心为平台，搭建出一种以校主管领导、团委、学生工作处为第一级网络，各系、部、处等学生管理工作部门为第二级网络，辅导员和班主任为第三级网络，班级心理委员为第四级网络的层级分明、立体交叉、平面连接的网络体系。该模式在学生群体中还有一个次生的四级网络，此网络以学生会干部和心理协会骨干为第一级网络层级，班干部为第二级网络层级，宿舍长和学生个体分别为第三、四级网络层级。

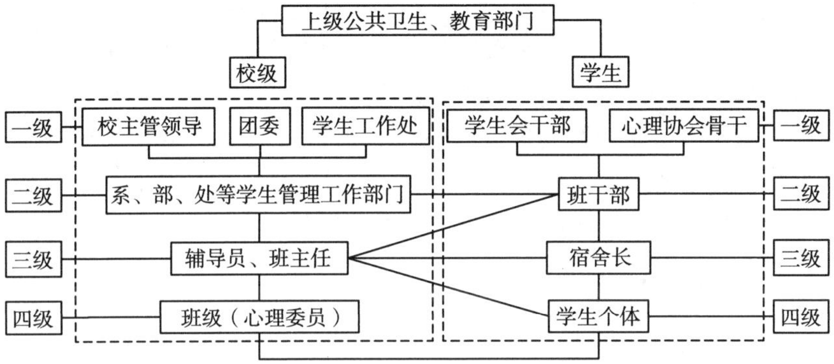

图 2-1 大学生心理健康教育四级网络

这种四级心理健康教育网络以工作全覆盖、信息全流通、后勤全保障的原则，确保大学生心理健康教育工作的良好、有序开展。但该模式的设计仅适用于大学生心理健康教育的日常生活化教育，并未将大学生心理健康教育课程和其他课堂纳入其中。因为这种模式设计忽略了生活教育和课堂教育是两个非常重要的教育形式，两者应该是相辅相成的关系，不应割裂开来。割裂可能会带来育人主体的偏差，出现课堂授课教师（特别是专业课教师）只关注知识传授的角色，而忽视育人角色，出现只“授业”，不“传道”和“解惑”的情况。

(二)“115N”大学生心理健康教育模式

1. “115N”教育模式的内涵

“115N”教育模式是在系统论、徐绪松（2010）“复杂科学管理”学说和蔡元培“五育并举”教育方针指导下，在公共卫生社区与组织模型引导下，在多年的教育教学实践过程中，总结和建立的一种适用于大学生心理健康教育工作的教育模式。该模式包括 1 个假设、1 个思维模式、5 种素养和 N 个基本方法。

1 个假设是指大到整个大学教育的方方面面，小到环环相扣的各级各类课程，都是密切联系的有机整体。应将其进行综合分析后，按其有机联系进行拆分或组合，再将各项具体工作或课程放在一个大有机整体中进行科学合理的设置，才能发挥出各部分的最大效能。

1 个思维模式即系统思维方式，指运用系统观点，把对象互相联系的各个方面及其结构和功能进行系统认识的一种思维方法。整体性原则是系统思维模式的核心，即立足整体，从整体与部分、整体与环境的相互作用过程来认识和把握整体。

5 种素养是与“五育并举”的教育方针相吻合的素养，具体包括人文素养、科学素养、身心素养、艺术素养和实践素养 5 种，是对“五育并举”中德、智、体、美和价值观进行融合而形成的。

N 个基本方法是指教育教学中的具体方法，主要包括思维导图法、经典诵读法、经典案例分析法、模块分析法、体验法、游戏法、讨论分析与分享反馈法和任务导向问题解决法等一切旨在提升 5 种素养的有效干预方法。

2. “115N”教育模式的特点

（1）系统性和整体性

将高校或各院系作为一个社区或组织，如果将日常环境下大学生的常规教育作为一个有机整体，用“115N”模式的系统思维模式，按不同联系可将其分为几个不同的系统（还可按实际情况进行更详细的细分），然后立足整体来统筹安排各项具体事宜。该模式将大四学生的主要常规教育划分为学习、生活和思政教育三个系统，认为它们是相互联系、相互影响的。

将学习部分（第八学期）按考试与否将学生分为考试（主要指研究生考试）学生和就业学生，且考试学生若应考失败则归为就业学生类别，他们的学习内容和侧重点会有所不同，需要进行区别教育或指导；日常生活管理主要包括心理、身体和学校日常要求三个系统，在教育过程中应根据具体情况进行有针对性的教育、监督和指导；思想政治教育是学生教育的一个重要方面，主要通过思政课程、课程思政和日常思政来进行，本科生第七学期的思政教育通过后两项来实施，而第八学期学分已经修满，可通过日常思政教育进行。

（2）灵活性

“115N”教育模式随客观外界环境的变化而进行调整，以使该模式更加符合教育实际，提升教育效果。如 2020 年在新冠肺炎疫情的影响下，恐慌情绪成为普遍的群体心理状态，“115N”教育模式针对大学生的教育、管理及心理健康工作需要作出调整。

“115N”模式将生活教育和课堂教学都纳入到教育体系中，将心理健康教育融入大学教育的方方面面，发动全体教育者的力量进行5种素养的培养，其覆盖面更广，教育内容更广，对学生的教育更深入。“115N”模式的建构理论基础比较扎实，集合了几种先进的管理理念和教育理念，使其科学性和理论性都得到很大提升。

二、大学生心理健康教育体系

体系比模式的范围更大，涉及的面更广，普适性更强。体系是系统化的系统，对某些具体工作的指导性更强，是具体工作过程的宗旨性纲领。我国大学生心理健康教育体系的构建是在遵循国家一系列相关政策文件的基础上，按照自身实际情况进行的具体工作指导。目前的研究主要有总体的完整体系建构、系统的具体建构和发展性体系建构三大类。

完整体系建构是从总体上对相关教育系统进行完整建构。如《关于进一步加强和改进大学生思想政治教育的意见》提出从教育计划、教育内容、教育方法、教育机构、教育师资等方面积极开展心理健康教育工作，《高校思想政治工作质量提升工程实施纲要》对如何进行思想政治教育建立了十大育人体系等。这些政策以较高的层次、较严格的要求为相关高校的心理健康教育工作和思想政治教育工作提供了工作的思路和建设的思想。

系统体系建构要从某一个系统入手，对心理健康教育的工作方法和途径进行具体挖掘和建构。从这个角度上看，思想政治教育工作的十大育人体系属于完整建构，而其中的心理健康教育系统的体系建构则属于系统建构。但如果将心理健康教育作为一个完整的体系时，它也是体系建构。可见，完整体系建构还是系统建构，取决于建构者是否将正在建设的内容作为独立的完整体系，还是体系中的某个系统。如张旭晨等从对大学生心理健康教育工作操作实施的角度，对其心理咨询机构、心理健康筛查、心理健康普及教育与宣传、学校心理健康网络及平台建设及相关科学研究等方面进行设计，则属于系统体系的建构。

2021年8月，教育部等五部门发布的《关于全面加强和改进新时代学校卫生与健康教育工作的意见》（教体艺〔2021〕7号）中，明确了“构建高质量学校卫生与健康教育体系”的指导思想，将心理健康教育作为重要的卫生与健康教育的内容进行了具体要求。可见，公共卫生健康教育与促进体系的构建也是整合性体系。建立完善的健康教育体系需要多部门、多群体、多思维、多方位的联合协作才能完成。

以发展性体系建构为例，是以发展为主线，以发展性、长期性和系统性的理念，以面向全体学生的主动教育为手段，以促进人格发展为目标，以课程教学和生活教育为主渠道，以多种多样的活动为主要教育方式或载体，以实际调查分析依据，遵循人类认知过程、情绪调控、行为训练的发展规律，并从认知、情绪和行为三个方面进行协调，将教育教学、干预咨询和科学研究相结合的心理健康教育发展性体系。如研究团队以生活教育和课堂教学为抓手，以线上和线下两种教育形式，建构了大学生心理健康教育与专业教育相结合的“耕心润学”实践教育体系，取得了较好的教育效果。

若在发展性体系建构的基础上进行整合性体系的建构，则需要教育、卫生、发展改革、财政等多个部门的共同努力。教育内容还需要增加健康行为和卫生教育的方面。

第二节　大学生心理健康教育模式构建的原则

教育教学模式构建依据什么原则，遵循什么样的方法，决定了能否实现其教育目标或目标实现的程度。公共卫生健康促进视角下的大学生心理健康教育模式建构，应遵循全体性、系统性、主体性和发展（预防）性的原则，应用实地调查、交流互动、体验分享、实践反思和逻辑分析的方法来进行建构。

一、全体性原则

高校的心理健康教育不仅是为了少数有心理问题的学生，还为了全体学生的心理健康发展。有些高校领导人认为，有心理问题的学生毕竟是少数，因此不必那么重视，也没有必要让全校师生都来参与。对这个问题的认识，涉及社会的公共卫生目标和学校的培养目标，涉及是否及如何进行心理健康教育的问题。

公共卫生项目是包括全民在内的健康教育和促进项目，庞大的高校学生群体自然是公共卫生项目的主体之一。高校的培养目标是让每一个学生都成为全面发展的人，而心理健康是其全面发展的必要条件。因此，心理健康教育的对象应该覆盖全体学生，任何条件下都不对学生进行“有或无”的划分。有心理问题的学生学校固然要格外关心和关注，帮助他们身心健康发展，但这并不是高校心理健康教育工作的全部。让每一个学生心中充满阳光，心理健康，是学校教育的职责和心理健康教育的现实目标。所以说，心理健康教育教学的对象要面向全体学生，对全体学生进行全覆盖；心理健康教育课程的建设、心理健康教育活动的开展必须是面向全体学生、全体对象的。在此基础上，针对特殊的问题学生开展具体的心理咨询，以满足这类学生的实际需求。高校只有着力于服务全体学生，对全体学生进行心理健康教育，培养全体学生的心理健康意识、自我意识水平、情绪调控能力、综合社会能力等，才能达到心理健康教育教学的根本目的。否则，不仅影响教育目标的实现，而且可能会使有心理问题的学生数量逐渐增加，影响学生的健康发展。

二、系统性原则

大学生心理健康教育是社会公共卫生与健康促进内容的一项系统工程。在这一公共卫生系统中，大学生心理健康的各个子系统之间也是相互结合、相互渗透的。如大学生心理健康教育课程的教学、心理咨询、心理健康教育活动、辅导员日常工作、专业教师的育人元素、科学研究等方面都是相辅相成、协调发展的关系。

如课堂教学中，心理知识的系统学习和心理体验，使大学生能自觉关注个人的心理发展，运用心理调节的理论和方法能够起到一定的增进心理健康水平，降低心理问题发生概率的作用；且通过课程教学，也能够增强大学生的心理健康意识，为了自己的心理发展主动寻求心理咨询；心理咨询中发现学生们的共性问题，成为心理健康课程和心理健康教育的重点，心理咨询中的案例为教学提供了大量的资料，使课堂教学更具针对性；校园内外开展的心理健康教育活动，拓展了课堂教育的内容，也为课堂教学提供了广阔的实践平台；大学生心理健康的课程教学，心理健康教育活动的广泛开展，心理咨询的有效进行，提升了学生的心理素质，使学生拥有积极乐观的人生态度，有效地预防了心理危机；而社区心理危机预防干预工作的深入开展，更能增强大学生的心理健康意识，使同学们更自觉地参与到各项教育、教学、咨询活动之中。另外，心理健康教育活动的开展能起到“春风化雨”的作用，辅导员日常工作的专业化、系统化、科学化和团队化发展能够有力刺激大学生心理健康素质的提升；专业教师发挥其育人作用对学生从心理健康有侧面影响；而科学研究的思维能将日常工作的成果进行转化，为同行提供借鉴，对自己的工作过程进行反思。

三、主体性原则

高校心理健康教育教学工作必须坚持以学生为主体的原则。主体性有三层意思。

第一，学生是心理健康教育教学活动的主体，是具有自我意识的人，而非被动接受教育的客体。心理健康教育教学的过程是把心理健康的理论、知识和方法等，内化为学生主体内部的心理品质。如果没有内化的过程，再好的教育内容也只是外在的存在或教育者的一厢情愿。在以往的思想政治教育和专业教育中，存在着教育者视自己为教育主体，学生为教育客体的现象：上课时，教师不管学生是否爱听，只按照讲义讲完了，就算完成了任务；在教育活动中，不管学生是否喜欢，教师只将活动举办完成，就是进行了思想政治教育。对于这种情况，学生常常戏称自己为“看客”或“观众”，坐在台下看着老师台上的“自编、自导、自演”。心理健康教育的主体必须是学生，也只能是学生，否则不可能达到教育的效果。所以，大学生心理健康教育必须摒弃那种视教师为主体，学生为客体的教育观念，要牢牢确立以学生为主体的思想，要研究和完善学生接受教育的内在机制，探索让学生进行内化的方法和途径。

第二，要尊重学生的差异性。尊重每一个学生是独特的生命个体，尊重每个学生的价值。由于每个学生先天的遗传和后天的生活背景、成长经历各不相同，人格特点也都有其独特性。因此，心理健康教育教学的过程既要考虑他们的共性，也要考虑各自的差异，尊重其独特性。要努力做到兼顾共性和个性，而不是采用整齐划一的教育方式。尊重学生的主体地位，还意味着教育者要保持一种开放的心态，多倾听学生的意见，不把自己的主观意愿强加给学生。

第三，要发挥学生的主观能动性。要信任学生，相信他们自我成长的能力；要激发学生的创造力，发挥他们自身的积极性，发动他们自主学习、自主参与，主动关注心理健康教育的内容、方法和技术。不论是在心理健康教学的课堂学习、互动、交流与分享中，还是在心理健康教育各种各样的活动中，学生们惊人的领悟力和创造力常常是教师个人无法比拟和无法超越的，且在心理咨询过程中也常常感受到来访学生的自我转化和自我痊愈的能力。

尊重学生的主体性，发挥学生的积极性，并不意味着放任自流，也不意味着削弱教师的引导作用。相反，发挥学生的主体性，实际上对教师提出了更高的知识能力要求和把控全局的观念与技术。需要教师探索激发学生内在需求和内在动力的方法，结合学生的心理发展机制，设计和制定调动学生发挥自我主体性的教育教学技术。

四、发展（预防）性原则

高校的心理健康教育是以促进学生心理健康的发展为目标，以积极心理学为指导，以发展为取向的心理教育。由于我国的心理健康教育起步较晚，在发展过程中受到西方生物医学模式心理治疗观的影响，将解决学生的心理问题和困惑当作心理健康教育的主要内容，以发现问题和解决问题为思路，而不是“治未病”的预防思想。将解决学生的情绪困扰、行为失调、适应困难等个体心理咨询作为心理健康教育的主要手段，并未对大学生群体的积极心理品质的发展性进行教育，也并未从学生发展的角度对学生的积极心理体验和积极心理潜能进行开发。

这种生物医学模式的心理健康教育，在现实性上不符合大学生的心理发展规律。因为整体看来，绝大多数学生的心理是健康的。大学生出现的恋爱冲突、就业心理冲突等，都是他们在成长发展中不可避免的矛盾，是他们成长过程中必然遇到的困惑。对于这些问题，我们不能只是被动地等待学生来寻求心理咨询，而应当通过全方位的教育、咨询，提升他们的自信，开发他们的心理潜能，促进他们的自我成长。

积极心理学思想与高校心理健康教育的培养目标是一致的。当前高校心理健康教育应以积极心理学为指导，确定一个发展性目标，培养学生自尊、自信的自我形象，体验积极乐观的情绪情感，建立和谐友善的人际关系，建立成熟完善的人格。从而能够努力创造有利于学生心理成长的环境，使学生个体最大化地发挥出潜能，促进自我关爱、自我成长。

大学生心理健康教育的各项工作组合为一个有机联系的整体，课程教学、教育活动、心理咨询、科学研究各项工作本身有内在的规律性，每项工作的内在因素，各项工作的配合，都是彼此有联系的。因此，精心设计、认真扎实地做好每一项工作，并兼顾彼此之间的关系，才能做好学生的心理健康教育教学工作，达到提升学生总体心理健康素质的目的。

第三节 大学生心理健康教育模式与体系构建的保障

一、制度保障

制度建设是心理健康教育实施的政策保障。相关政策文件为大学生心理健康教育工作的开展提供了有力的制度支持。尤其是《普通高等学校学生心理健康教育工作基本建设标准（试行）》和《普通高等学校学生心理健康教育课程教学基本要求》等专门性文件，为大学生心理健康教育工作做出明确要求的同时，也为这些工作的开展提供了行之有效的政策支撑。同时，《“健康中国 2030”规划纲要》对全民健康意识的提升也起到了较强的促进作用，使人们对健康的理解和感受更深入。

各高校在实际实施过程中还会有政策无法落实的情况，导致各高校对心理健康教育教学工作的开展情况良莠不齐、差别很大。这种情况存在的原因主要还是在于学校对具体工作缺乏相应规章制度，使相关工作人员在学校的具体操作层面无章可循、无规可遵、无例可查。所以，为了保证大学生的健康成长，保障大学生心理健康教育工作的顺利开展，需要高校制定相关规章制度以保证该项工作的落实。

学校需要建立和完善的相应规章制度有：心理健康教育工作的规章制度、师资队伍建设制度、危机预防及干预制度等。将心理健康教育工作纳入学校日常工作中去，使学校的心理健康教育规范化、制度化；教学部门需要将大学生心理健康教育课程纳入公共必修课，开设相应的选修课程，并给予一定的学分保证；加大心理健康教育相关课程的建设，为担任心理健康课程的专兼职教师提供良好的政策支持；加强心理危机的筛查、危机预防及干预工作，重视对院系教师进行心理危机干预培训，注重发挥全体教师在心理危机干预及预防中的作用等。

二、机构保障

建立专门的心理健康教育教学机构是保证高校心理健康教育工作顺利开展的重要前提。机构的设立不但体现了学校领导对该项工作的重视，更重要的是使得从事和实施具体工作的人有组织者，有组织机构，有利于组织内部成员商讨具体工作的开展经验和总结工作过程中遇到的问题。高校的心理健康教育机构归属于学生工作，教学机构归属于教务工作，在学校心理健康教育工作领导小组的领导下开展具体工作。一般情况下，校党委书记为领导小组组长，相关职能部门负责人、院系党政领导、有关专家为成员。学生工作处的心理健康教育中心专门负责和统筹全校心理健康教育工作的组织与开展，教务处则负责大学生心理健康教育课程的设置和教学工作。具体工作的开展则由院系的相关心理健康工作负责人、学生管理领导、辅导员和各位专兼职心理健康教育课程授课教师负责。具体机构设置情况举例如图 2－2 所示。

三、学分与学时保障

在学分和学时上，应该保证心理健康教育课程必修课不低于 2 学分、32

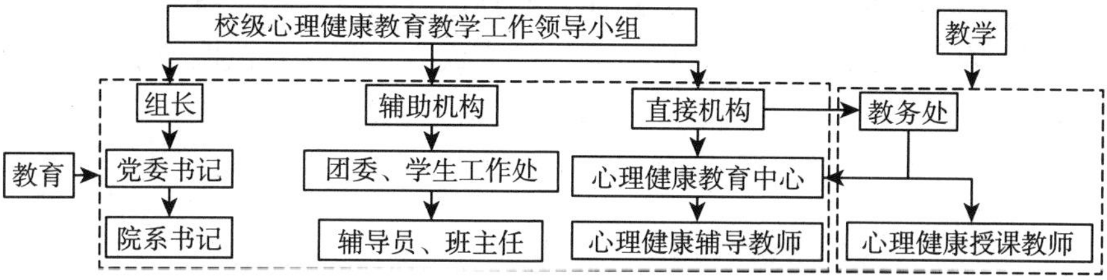

图 2-2　大学生心理健康教育机构设置基本情况

个学时。心理健康教育学分和学时的保证是大学生健康成长的需要，也是一门学科正常发展的需要。高校每学年至少开设一门 2 学分、32 个学时的选修课。

心理健康教育课程蕴含着丰富的内容，没有一定学时的保证是无法完成教学任务、达到教学目标的。因为学时受限，有些院校只是引入心理学，以激发兴趣为主，引导学生主动选修心理学相关课程，或者在心理健康教育方面自主地进行自我教育。

心理健康教育是一门学科，有其内在的规律和体系，不是零散的知识点。如果压缩学时，教师因受到时间的限制，只能把系统的课程变成零散的知识点的讲解，这对学科的发展会产生不利的影响。

学时的压缩自然使学生对本学科重视不够，而且易使学生对心理健康课程产生误区。误区一是以为大学的心理健康教育与中学的心理健康教育没有区别，是过去所学知识的重复；误区二是认为大学课堂上的心理健康教育与媒体（报刊、影视）上传播的心理学知识没有区别，是一些游戏或者识人术、读心术，致使难以对心理健康教育课程树立起端正的学习态度。因而，在高等教育的学科体系中，心理健康教育的学时要有制度上的保证。

四、体系保障

学校要加强工作统筹，将心理健康教育纳入高校人才培养体系，与大学生思想政治教育、文化素质教育相融合，努力把工作做深、做细、做实，增强心理健康教育效果。

（一）充分发挥院系辅导员、班主任的作用

对学生开展深入细致的谈心谈话工作，形成对每位学生进行全面覆盖、重点精细处理的心理辅导工作网络，确保为每位学生每年至少进行一次有针对性的深度辅导，为学生健康成长成才提供良好的服务。教师在进行访谈工

作时，要了解学生当前的学习、思想及心理健康状况，精心设计访谈主题和目标，根据学生的性格特点，选取合适的交流方式有针对性地与学生交流和沟通，以了解和帮助学生解决心理困扰和困惑以及学习、生活过程中的困难，做学生的良师益友和心灵导师。

（二）与思想政治教育相结合

人的心理是客观现实的反映。大学生在学习和生活中，遇到学业压力大、家庭贫困或就业困难的问题，如果不能适应，而自己又没有足够的能力解决时，就会产生心理波动和情绪困扰。如，大学生存在人生目标缺失、没有上进心等问题时，会出现学业发展不顺利、求职就业困难、人际关系不良等情况，进而产生心理困扰。所以，辅导员的思政工作就是要努力解决学生的实际困难，如扎实开展深度辅导和学业辅导工作，提升学生的学习能力；做好学生资助工作，切实减轻大学生的经济困难；开展就业指导服务，给大学生提供更多的就业机会和就业信息等；通过校领导接待日制度，与学生代表座谈以及时发现和解决学生各种问题；解决学生的思想问题，充分利用大学生的党课、班级主题活动等机会，发挥党员学生、班干部的积极带头作用，发挥班级心理委员的朋辈辅导作用，利用学生的积极力量去帮助学生，从而实现共同成长。

（三）整合资源

完善全员参与的工作体系，整合和统筹全社会资源，发挥各方力量。以学校资源为例，整合辅导员、任课教师、心理、学生和家长等的力量，合力进行心理健康教育。其工作模式大致为：第一，辅导员、班主任是心理健康教育的骨干力量，要主动开展工作，对有心理困扰的学生进行疏导或转介，及时筛查心理危机。另外，通过辅导员进行家校合作，发挥家长的力量。第二，发挥任课教师的育人作用，关心学生的心理健康，重视学生的心灵成长。第三，充分发挥心理骨干的作用，开展院系、班级、宿舍的心理知识宣传和心理危机排查工作，形成心理危机预防及干预工作网络。第四，完善专业课程教师、其他管理干部及其后勤服务人员参与学校心理健康教育的工作机制，形成人人关注学生心理健康的生态环境。

五、条件保障

心理健康教育的开展离不开必备的物质条件保障，包括心理咨询室的软硬件保障、心理健康教育工作的经费保障等。

（一）经费保障

根据教育部和全国心理健康教育工作的建设标准，要按照每年每个学生不少于20元的标准设立专项经费，纳入经费预算，确保专款专用。学校要落实各项工作条件与保障，逐年增加心理健康教育专项资金，统筹继续教育经费，支持教师心理健康教育培训和学校心理辅导师认证培训等。此外，教育行政部门要按时对各高校的心理健康教育经费进行审核评估，以确保经费专款专用。

（二）软件保障

心理咨询中心的软件包括心理测评和档案管理软件、心理咨询教师资质要求等。

第一，心理咨询室要配备科学的心理测评系统和档案管理软件，建立学生心理健康信息库及心理危机信息库，动态监控学生心理健康状况的变化，以便及时帮助有心理困扰及陷于心理危机的学生。心理咨询中心要有规范的档案管理制度及配套软件，以便对心理咨询面谈记录、热线咨询记录、心理危机信息库及危机干预记录、心理咨询效果反馈等档案资料进行及时的整理归档。

第二，教育行政部门应明确规定心理咨询教师的任职资格。为保障和提高高校心理健康教育工作者的专业化水平，保障工作队伍尤其是专职心理健康教育教师队伍的科学化和专业化水准，教育行政部门专门制定了从业标准和资格认定标准，分别从基本资质、人格特质、专业基础、基本技能等方面进行评定，对已经从业的心理健康教育教师进行初级、中级和高级资格认定，这样才能建设一支高素质的高校专职心理健康教育教师队伍，保障高校心理健康教育工作的顺利进行。

（三）硬件保障

场地建设、环境要求、基础设施等都是心理健康教育教学工作得以开展的硬件。目前，各高校根据自己工作中的实际需求配备基本的设施及仪器，尚没有统一的国家标准。因此，有必要对大学生心理健康咨询中心建设设置国家标准，规范心理咨询中心的建设工作。心理咨询中心应有专用场地，选址适当，心理咨询室的使用面积要与在校生人数相匹配，根据各校实际情况设置个体、团体心理咨询区等。此外，心理咨询室的周围环境应整洁、幽雅，内部环境温馨、舒适，让来访者有足够的安全感。心理咨询室还要配备电脑、录音笔、电话机、摄像设备、隔音设备等基础设备，以及根据需要配备音乐治疗椅等心理学硬件设备，基本配备如表2-1。

表 2-1　高校心理健康教育中心建设硬件设施配备情况

活动室配备	序号	硬件设备名称	活动室配备	序号	硬件设备名称
团体活动室（观摩室）	1	团体活动道具	心理接待室（心理测评室）	18	办公桌
	2	团体活动专用桌		19	椅子
	3	投影仪		20	书柜
	4	电脑		21	沙发
	5	组合音响		22	茶几
	6	涂鸦墙		23	电脑
	7	心理挂图		24	打印机
情绪宣泄室	8	实体宣泄人		25	心理挂图
	9	宣泄柱		26	智能型学生心理测评触控仪
	10	宣泄球	心理咨询室（身心反馈放松室）	27	音乐放松反馈系统
	11	防护手套		28	催眠仪
	12	宣泄墙		29	小型沙发
	13	宣泄人脸谱		30	学生心理档案管理系统
沙盘治疗室	14	开放式陈列架	专职教师任职资格最低要求	31	心理学专业硕士学历及以上
	15	干湿两用箱		32	二级心理咨询师及以上
	16	专业配比沙具	兼职教师任职资格最低要求	33	三级心理咨询师及以上
	17	海沙		34	教育学或心理学专业硕士学历及以上

六、专业队伍保障

为了保障高校心理健康教育工作的可持续发展，需要建立一支高素质、有能力的心理健康教育工作专业队伍。教育部《普通高等学校学生心理健康教育工作基本建设标准（试行）》对专兼职教师的配备和要求提出了明确规定，要求各高校必须设置至少 2 名专职教师，并依据学校具体情况配备兼职教师。目前，各院校已基本拥有一支专门从事大学生心理健康教育工作的专兼职教师队伍，并通过各种培训和学习保证这支专门队伍的专业化质量。

（一）专职教师的配备

学校专门设置心理健康教育教师岗，还要为心理健康教育教师解决编制，并按照学校师生比不低于1∶3 000的要求配备心理健康教育专职教师。

（二）保障教师的专业化发展

由于学校心理咨询中心大多隶属于学生处，因此有些学校的心理健康教育教师属于行政编制，评职称只能走行政系列，不利于心理健康教育教师的专业发展和他们获得职业归属感。因此，有必要将专职教师纳入思想政治教育专业技术职务系列，根据工作特点制定相应的评聘标准，科学设置专业技术职务结构比例，为教师队伍持续发展和提升创造条件。

（三）加强专业培训

为了提升心理健康教育效果，有必要建立一支由专职教师、心理学相关专业教师、校外相关专家以及各院系负责学生心理工作的辅导员所组成的专兼职教师团队。学校要创造条件为这些教师提供参与专业培训或研讨会的机会，使专兼职教师能够根据心理健康教育工作的需要及实际需求接受不同类型的培训，得到不断提升自己、学习“充电”的机会，从而培养一支既有较高心理健康教育专业素质，又有较强科研能力或心理辅导经验的专兼职教师队伍。学校要定期召开专兼职教师的心理健康教育工作交流会，及时总结推广各院系的好经验、好做法，或围绕教师们在工作实践中遇到的困扰进行讨论和分享，不断提升心理健康教育工作的水平，从而提升广大学生的心理健康水平。

目前心理健康教育的教师队伍仍有待于扩大和完善。在高校从事心理健康教育的专职教师缺口较大，很多非心理学科班出身的辅导员兼职从事大学生的心理健康教育。而且，即使是心理学科班出身的教师，所学的也往往是各个心理学分支的专业，比如应用心理学、临床心理学、发展心理学、教育心理学等，专门的心理健康教育的专业人才较少。目前我国只有少数高等院校设置了心理健康教育专业方向，专门培养心理健康教育专业的高等人才。

第四节　大学生心理健康教育模式与体系构建的实施途径

一、心理健康教育教学工作与教育科研工作的融合

心理健康教育教学工作过程中需要保持科学研究的思维，用科学研究的

思维和方法进行工作统筹设计、工作过程实施和工作经验总结。如辅导员用科学研究的思维规划其日常管理工作，可以使日常管理工作更加条理有序，同时还会体现出明确的逻辑关系和教育思想。用先进的科学管理方法实施日常管理工作，更能保证管理的效果，并更容易取得相应的成果。如图 2－3 所示的大学生心理健康教育工作设计思路。

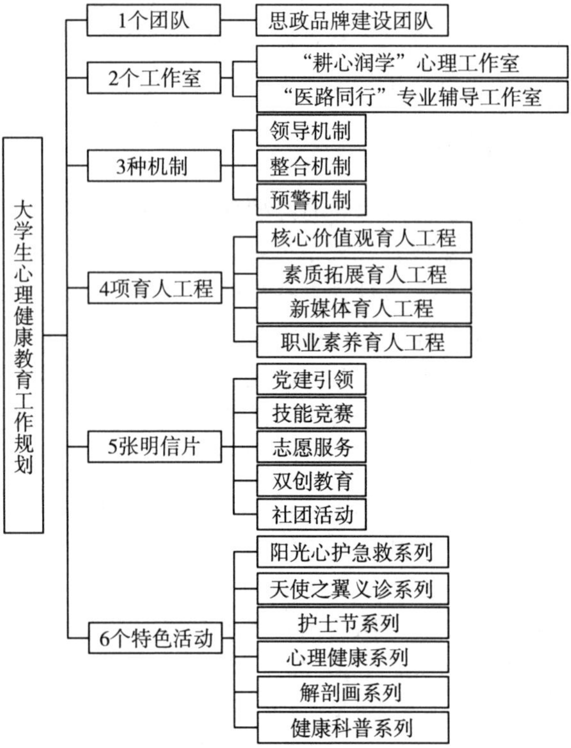

图 2－3　大学生心理健康教育工作设计思路

这种设计体现了统筹性、系统性和全面性的特点。设计思路既整合了辅导员教师的日常工作，又结合了专业特点，体现了专业特色，还将心理健康教育与思想政治教育进行了有机融合。另一个重要的方面是这个设计能分能合。"分"是指其中的每个部分都可以作为一个独立的项目来进行研究，并起到其相应的作用；"合"则是指几个部分和整体部分之间都有很强的逻辑和联系，都能够找到明显的线索可以提纲挈领。

将教育教学的工作过程和思路用科研的思想表达也会收到意想不到的效果。教学过程本来就应该是不断创新、持续思考的一个过程，这与科学研究的思路一致。且教育教学与教育和科学的研究原本就是相辅相成、协调一致、相互促进的关系。

以科研思维引路，引导教师进行心理健康教育教学的实践，结合工作实际选择合适的科研题目；用科研方法对其进行研究，可以使教师们凝心聚力专注于某一内容或项目，在实现教师全员参与心理健康教育教学的基础上，创新教育教学方法，研究教育教学思路，做到切实探讨心理健康教育教学的新理念，以及在教育教学活动中渗透心理健康思想的方法和途径，有效促进心理健康教育教学的发展和学生心理健康素质的提升。

二、组建专兼职相结合的师资队伍

由于高校心理学专业的设置较晚，培养的人才供不应求，使得目前高校从事心理健康教育教学的教师多为半路出家，缺乏专业的学习经历和基础。心理学专业知识的熟练掌握和运用是教师工作中面临的主要难题。加之工作范围和职责的不明确（经常是身兼数职），使心理健康教育教学的教师对其职业角色、职业定位认识不够。建立一支稳定的专兼职心理健康教育教学教师队伍是保证该项工作顺利进行和质量保障的前提。教育部《进一步加强高等学校学生思想政治工作队伍建设的若干意见》中，要求高校通过专、兼、聘等方式组建一支由少量精干专职教师骨干、专兼结合、专业互补、相对稳定的高等学校大学生心理健康教育工作的师资队伍。同时，通过对专兼职教师专业知识的培训，来提升师资队伍的理论水平、专业知识和应用技能。如，有的高校通过建立心理健康教育四级网络来开展心理健康教育教学工作；心理健康教育中心配备专职教师，在学工处和教务处的管理下，统筹安排各项工作，组织对兼职教师和辅导员的专业培训及心理健康教育课程的教学等。

三、构建高校大学生心理健康教育的工作模式

根据目前各高校大学生心理健康教育的现状和主要问题，对大学生心理健康教育的工作模式进行初步构建，如图 2－4 所示。

大学生心理健康教育工作模式是在校长办公室领导下，学生工作处和教务处分别直接领导心理健康教育和教学工作，制定校内大学生心理健康教育和教学工作的实施细则，从制度上保证教育和教学的各项工作落到实处，下设大学生心理健康教育与咨询中心以及大学生心理危机干预中心两个常设机构。

大学生心理健康教育与咨询中心具体负责协调和组织全校心理健康教育和咨询工作。对全校心理健康教育工作负责，可以制定一系列工作任务和安

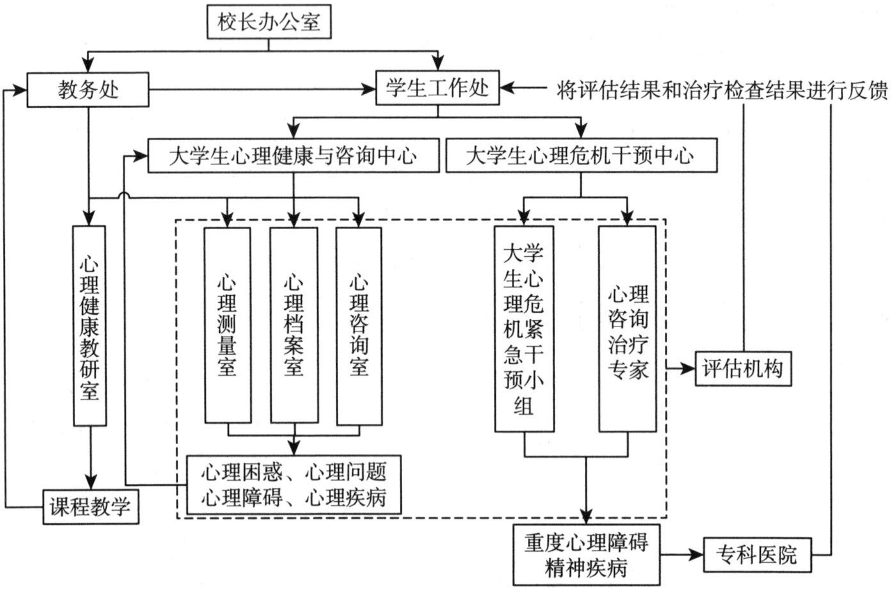

图 2-4　大学生心理健康教育工作模式设计

排。首先，建立大学生心理健康档案，进一步完善和健全心理健康教育的工作体制。其次，负责大学生日常心理辅导与咨询工作。设立大学生心理辅导与咨询室，安排心理咨询教师工作日轮流值班，解答在校大学生的心理困惑，进行心理辅导与治疗，密切关注校园学生的心理状态。可以建立起以心理学专家为骨干、学生工作教师为主体，使用学生心理协会的心理健康指导体系和心理问题咨询体系，形成班级有心理委员，学院（部、直属系）有心理指导教师，学校有心理学专家的大学生心理健康指导网络。大学生心理危机干预中心则做好与专业精神卫生机构的对接，对在心理辅导或咨询工作中发现的严重心理障碍和心理疾病的学生，及时转介到专科医院等专业卫生机构进行治疗。专业卫生机构为学生检查完之后，要将检查结果反馈给学生处有关领导或相关心理问题专家及心理辅导与咨询教师。教务处则负责统筹设置大学生心理健康教育必修、选修课程或专题讲座、报告等，在心理健康教研室的具体实施下，完成必修和选修的课堂教学课程和课外教育指导。

大学生心理危机干预中心的设立，对处理大学校园内紧急突发的学生危机事件具有重大的意义，其作用不可忽视。该中心应由校学生处领导统一指挥，人员组成应包括校、系领导，学生处、心理专家，有心理辅导咨询教师在内的心理危机紧急干预小组、保卫处等，统一制定学校的危机干预方案。

中心可建立心理热线电话以及校园网络监督人员，由专业工作者和兼职心理辅导教师组成，专人24小时值班，以便对发出自杀或其他危机信号的学生实行紧急救助。中心应配备若干名心理危机干预专家。当危机中心的来访者有一些专兼职心理辅导教师无法解决的复杂问题时，必须有受过正规培训的专业人员协助。心理危机干预中心应对学生辅导员、心理咨询教师和校医开展岗前和在职培训工作，使他们了解大学生心理危机特点和过程，掌握心理危机干预技巧，以便有效防范大学生危机事件的发生。心理危机干预中心应朝科学化、专业化和制度化的方向迈进。

四、心理健康教育与思想政治教育有机结合

在我国，心理健康教育和思想政治教育是高校培养大学生整体素质的两项重要工作，二者有着密不可分的联系。将原本交叉融合的心理健康教育与思想政治教育进行有机结合，两者可以相互促进。

（一）心理健康教育与思想政治教育的异同

作为教育整体中的两个有机组成部分，心理健康教育与思想政治教育工作的最终目标都是为了促进大学生的全面发展和健康成长，使大学生能够适应社会的整体需要。“全面发展的健康人才”不但需要掌握一定的专业知识和技能，较强的社会责任和历史使命感，还要有良好的心理素质和健全人格，使其成为社会主义的合格建设者和可靠接班人。只是两者的侧重点有些不同。

心理健康教育侧重从心理健康的视角进行个体素质和潜能的开发，进行人格的完善和健康发展；思想政治教育则注重从德育和思想的角度对学生进行价值观、人生观和世界观的培养，使学生树立较强的社会责任和使命意识。故此，两者的教学目标和教学体系及教学内容有所差异。

心理健康教育的教学目标主要是帮助学生提升自我意识水平，认识、悦纳自己，学会处理个体和社会的关系，发挥个人潜能，提升社会综合能力，以更好地适应学校、家庭和社会。其体系建设侧重于学生综合心理素质的提升，以促进心理健康的发展、预防和矫正。其内容主要包括心理健康认识、自我意识、情绪、人际关系、生命教育等多个方面，涉及心理指导、自我悦纳、情感教育、意志教育及人际关系等多个内容，涵盖学习、生活、工作和恋爱等多个层面。心理健康教育以解决学生的心理健康发展问题为主要任务，以培养学生健全的人格为宗旨。心理健康教育的评价是健康与否、正常与否，而非对与错、是与非的道德评价。

思想政治教育则以学生个体思想层面的世界观、人生观和价值观的树立为目标，提升大学生的思想政治素质水平。根据一定的社会要求和学生群体特点，进行有目的、有计划、有系统的影响和干预，并引导学生将教育内容进行内化，最终形成一定的思想政治素质。其教育内容包括科学发展观、马克思主义理论、毛泽东思想和中国特色社会主义理论、社会主义核心价值观等。思想政治教育具有阶级性和时代性特点和鲜明的价值取向及社会道德评价含义。

（二）心理健康教育与思想政治教育的相辅相成和交叉融合

心理素质在先天生理基础和后天环境因素的长期影响和相互作用下，会形成一种相对稳定的状态；而思想政治素质是后天培养的，并无先天因素的作用。所以，要使思想政治素质稳固，就应当以心理素质为基础。同时，心理素质和思想政治素质能够相互渗透。即心理素质渗透在思想政治素质当中，思想政治素质中又含有心理素质。学生在接受思想政治教育时都离不开他们的知、情、意，而思想政治教育也会促进他们知、情、意等心理内容的发展。

思想政治教育需要心理元素的加入，需要通过心理世界的内化成为自身素质的一部分。如，在进行思想政治教育时，可以根据大学生理解能力较强的特点和比较成熟心理发展规律，通过党史知识宣传和讲座激发大学生树立正确的理想信念和思想认识。结合历史和身边的典型实例，诱发大学生的爱国爱党的高尚情感，并由认知进行内化，从而转化为系列爱国爱党的行为表现。而心理健康教育的内容中也离不开理想、信念、价值观等内容的引导。因为每个人深层的心理都是在探寻“我是谁”“我活着的意义是什么”“我有无价值”等问题。这些人生的信念、价值观问题与思想政治教育的内容是一致的，只不过教育的途径和方法不同罢了。且现实情况是，学生有时候表现出来的“思想”问题，经常会存在深层的心理原因，其本质上就会转化为心理问题；而有些表面上是心理问题，实际上却是思想认识导致的。即心理问题与思想问题经常交叉融合穿插在一起，因此，心理健康教育与思想政治教育是紧密相连、不能割裂的教育。在解决现实的表面问题时，需要将两者结合进行思考，才会提高问题的针对性和实效性。

两者的教育途径也是相通的，都可以通过课程、讲座、宣传、集体活动、课外实践活动、家长配合等方式来实施。两者在具体的实施方法上可以实现相互借鉴、各展其长和相互配合。

在现实的教育教学工作中，心理问题和思想问题经常是混合在一起的，在问题解决时难以将两者分割开来，只能将其作为一个综合问题来联合解决。因为很多学生在的心理问题经常是因为缺乏正确的世界观、人生观、价值观和道德观的积极引领所造成的；同时也有一些思想问题是因为心理知识的缺乏或认知不足导致的。如在生活事件的处理中，有些学生经常是以情绪发泄为中心，而非以问题解决为中心，致使不能解决当前问题，反而会使问题扩大化和严重化。所以，需要将思想政治教育和心理健康教育结合考虑，探讨有效解决问题的途径。

五、高校大学生心理危机干预

作为一门新兴学科，心理危机干预是有效预防和解决学生突发事件后应激障碍的有效途径。随着社会变革和环境巨变，社会和文化环境的极度不稳定，使大学生出现了更大的就业和升学压力。生活中诸如感情生活、人际关系、生活节奏和习惯等方面负性生活事件的发生，使得学生极易出现安全感缺失和适应困难的情况。这些状况达到一定的强度后，倘若学生的心理免疫力低下，抗挫能力不强，个体心理素质脆弱，极易发生自杀的严重行为。

为此，美国心理学家 Glliland 和 James 提出了危机干预六步法，如图 2－5所示。

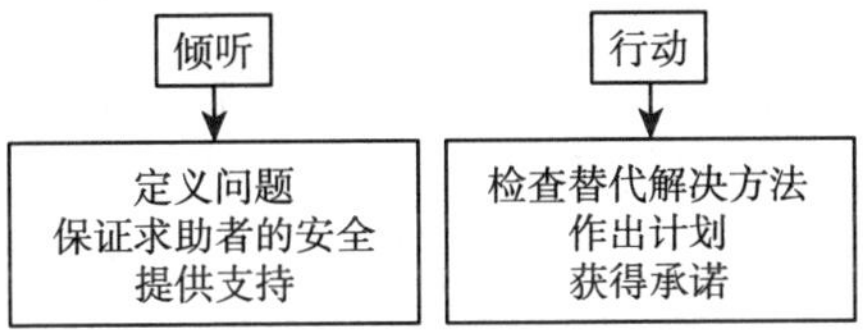

图 2－5　危机干预六步法

该方法主要包括两个环节 6 个步骤。两个环节是倾听和行动。倾听是指教师、辅导员或咨询师在交谈过程中要保持同情、真诚、尊重、接受、不偏不倚和关心的态度，对学生的言谈举止进行仔细地倾听、观察和理解，并据此作出反应的过程。该过程包括定义问题、保证来访者安全和提供支持三个步骤。即从求助学生的立场出发，发现和确定学生的问题；对求助学生可能存在的威胁、危险和失去能动性的程度进行评估，以确定其问题的严重性，并且要以保证对方的安全为原则；更重要的是，让求助学生意识到信任感，感受到辅导教师、辅导员或咨询师对他的关心和积极的、接受的、不偏不倚的态度，让他体会到来自专业的支持和帮助。

行动是指在教师、辅导员或咨询师的帮助下，按照求助学生的实际情况，对其采取非指导性的、合作的或必须指导的干预方式，是求助学生利用有利的环境支持因素以战胜心理危机的系列行为。主要有检查替代解决方法、作出计划和获得承诺三个步骤。检查替代解决方法是指帮助求助学生探索自己经验和环境中可以利用的替代解决方法，引导求助学生积极寻找可以获得的环境支持、有效的应对方式和积极的思维方式等。然后针对第一步的具体情况制定出短期计划，以确定求助学生可以理解、实现的行动方式和步骤。最后获得求助学生自己的承诺，以保住其改变计划的实施。需要注意的是，这些计划和步骤必须是求助学生自己从可以实现的角度制定的可以接受的、可以完成的计划和实施过程。

六、重视社会教育的强化作用

人类的社会化必然会受到社会环境的影响，故而可以通过社会教育对学生的心理健康施加影响。大学生心理健康教育中可以利用的社会环境，主要是校园环境、校园文化、宿舍环境、家庭环境和媒体环境等。

校园环境的净化，校风、校训等校园文化的建设可以给学生一个积极向上、文明祥和的校园心理氛围，给学生一种奋发向上、生机勃勃的心理感受，可以起到愉悦身心、消除疲劳、缓解紧张焦虑情绪，形成平和心境的作用。积极团结的学风、班风是促进学生成长的精神环境和心理力量，可以使集体的归属感更强，并感到心情舒畅和力量倍增，增加心理能量。

宿舍关系虽然是一种一般的人际关系，其情感的投入不如亲子关系和亲密关系，但其对个体的影响范围较广。对大学生来说，因为长期在一起生活的关系，其影响时间也会较长。所以，宿舍文化及宿舍友好关系的建立可以成为大学生有力的社会支持力量。

以亲子关系为主的家庭环境因素对个体的影响程度更大。良好的亲子沟通与和谐的家庭关系能够通过人格元素对个体生活产生较为长远的影响。所以，教师和辅导员等学生心理健康的教育者要加强家校合作，引导学生和家长亲子沟通的通畅性，通过与家长沟通和对学生引导的方式，尽力建立良好的亲子关系。

电视、广播、各种热线和网络等途径是大学生同社会联系的普遍而直接的途径。建立有力的媒体环境，利用媒体的力量，可以提升学生的心理健康意识，增加心理健康维护的途径。调查表明，一些地区或学校学生心理问题发生的比例较高，但极少有学生去心理咨询室或者心理门诊求助。这表明对心理健康教育的宣传力度还不够。因此，要充分利用电视、广播、热线、网络及院（校）刊、板报、宣传橱窗等各种传播途径，向大学生宣传心理健康教育的理论知识和方法、技巧等，提高心理健康关注意识，增加心理健康基本知识。还可以通过系列活动宣传等方式，强化心理健康知识的宣传和普及，以帮助学生解决生活、学习中的困惑和问题。另外，利用信息流通速度快、影响范围广的网络，对学生的心理健康施加有益的影响，力争做到广播里有人说，电视里有人讲，网络上有人看，大学生需要时有人管。

第三章　师资队伍建设

心理健康教育教学工作的专业性强、要求高，对师资队伍的要求也高。但由于我国心理学发展较晚，还未建立形成一支专业化的学校心理学家队伍，只能通过利用已有的人力资源相互配合，来满足师资建设的需要。目前的师资队伍中还存在工作角色定位不清，工作职责缺少科学界定与规范，职业发展缺少匹配政策等问题。目前的专业师资队伍主要由心理学家及儿童心理学家、医学心理学家、特殊教育专家和心理测量专家构成，他们既是高校从事心理健康实践工作的主力军，又是各级各类学校心理健康教育师资队伍的主要培训专家力量。因此，研究高校心理健康教育教学师资队伍的建设模式，建设一支高素质的专职心理健康教育教学教师队伍，是保障我国高校深入开展心理健康教育教学工作的重要内容。

第一节　专职心理健康教师的素质与工作开展

掌握专业的心理学知识理论和操作技能，拥有从事教育教学工作的基本技能和能力的专业化心理健康教育，是学校心理健康教育教学工作顺利开展的重要前提条件。这些专业化的专职教师是学校心理健康教育教学工作的主力军。如何选拔和培养专业化教师及其他们健康向上的职业发展路径，是师资队伍建设的关键。根据专职心理健康教师的素质要求和工作开展需求及职责需要进行选拔，是保证其专业化的有效途径。

一、高校专职心理健康教师的素质

（一）职业道德

高校心理健康教育是一项帮助学生心灵成长的专业性的助人工作，本质上会走入学生的内心深处，参与学生的成长历程，起到对学生心理导航的作用。因此，严格的职业道德要求和行业伦理规范是高校心理健康教育工作者必备的前提素质之一。高校心理健康教育工作者需要遵守以下职业道德。

1. 对心理健康教育工作存有热爱之情

热爱心理健康教育工作，对这项工作抱有浓厚的职业兴趣，愿意为此项工作付出，并有高度的工作责任感。热爱，是指对学生有发自内心的热爱，全身心地关心学生，希望每一个学生都能身心健康地发展，每一个生命都能充分地绽放；热爱，就是不只把对学生的心理健康教育当作一个职业，还要当作一项使命，当学生需要时，可以不计时间，不计个人得失，甘愿为学生奉献；热爱，是要不断地学习专业知识，提高自己的专业技能，以为学生提供更好的教育和帮助；热爱，是对工作富有创造性，不断根据学生的需求，创新心理健康教育的内容和方法，帮助学生更好地成长。

2. 一切以学生为重

心理健康教育的一切出发点都是为了学生，对学生负责。在心理咨询中，要以来访学生为重，具体包括以下内容。

（1）维护来访学生的最大利益

关于咨询场地的选择、咨询时间的安排都要考虑到方便来访学生。咨询教师在咨询中，应与来访学生保持客观的关系。不接受来访学生的礼品，不接受来访学生有关吃饭、观看演出等邀请，不发展咨询关系之外的其他关系，目的是保持与来访学生的专业关系，更有效地为来访学生提供咨询。

（2）保护来访者的隐私

当学校的领导、教师要求咨询教师提供某个学生心理咨询的信息或资料时，咨询教师应当判断此举对来访者是否有利，在以维护来访学生的利益前提下做妥善的处理，但如果来访者出现伤害自我和他人的情况时例外。

（3）遵守来访者知情原则

在咨询关系开始前，应告知来访者咨访双方的相关权利及责任以及咨询可能带来的正面及负面后果，签订咨询协议。在咨询中，如果需要录音、录像或使用测评量表，都需要事先就其目的和意义对来访学生进行说明。

（4）重大决定延期原则

在咨询开始时应告知求助学生，心理咨询期间，鉴于其情绪不稳定情况，原则上劝其暂缓作出退学、转学等重大决定，以免未来后悔。

（5）守时原则

咨访双方商定的心理咨询工作是一个具有契约性质的双边活动。双方都应守时，这是保证咨询计划顺利完成，咨询效果得到保障的重要条件。除特殊情况，心理健康教育工作者在咨询过程中一定要按计划进行，不得随意更改。

3. 保密

咨询经历和咨询内容都属于学生的个人隐私。咨询的谈话过程与内容、咨询记录以及求助学生的各项资料均应保密，不向与咨询无关的人传播相关信息和资料。

保密资料包括求助学生的所有书面资料和音像资料，如咨询的各种表格、心理测试结果、心理咨询记录等，这些都要严格保密。如果需要将咨询过程进行录音或录像，或需要与会研讨，则必须事先告知当事人此举的意图并征得其书面同意才能进行，并对录音或录像材料妥善保存。科研教学中涉及相关信息则需经改编或隐去求助学生的真实身份信息，且确定信息内容不对当事人造成伤害。

要清楚保密例外的情况并遵守保密例外原则。当求助学生有伤害他人或自己的意图或事实时，有精神疾病症状时，有严重违反校纪校规或国家法律的情况时，可突破保密限制，咨询教师应及时告知学校相关领导或负责教师及学生家长，以便及时采取措施，挽救学生。因为维护学生健康和生命安全是第一位的。

4. 在专业能力范围内工作

高校心理健康教育教师必须拥有专业的资质。没有经过严格专业训练的人不具备做这项工作的资格。有专业资格的心理健康教育教师，在心理咨询时也要在自己的专业能力范围内进行。对于超出专业能力范围的个案，要及时转介给有能力为此个案进行心理咨询的咨询教师。对于需要进行心理治疗的个案，则要及时转介给专科医疗机构的精神科医生，以免延误对学生的治疗，给学生带来伤害。此外，心理咨询辅导教师还要不断接受专业培训，提高自己的专业能力。

（二）理论知识素质

心理健康教育对教师的专业理论和知识有很高的要求。世界上不同的组织机构、国家或地区对从事此类工作教师的专业知识水平和资格都有严格的规定。联合国教科文组织要求学校心理学家必须具备 3 个条件，即“修完有关心理学课程、具有教学文凭和教师资格证书以及 5 年以上的教学经验”；中国香港规定小学心理辅导教师必须经过 4 个月的培训学习，中学心理辅导教师则要完成 145 个小时的课程，教育心理学家（即在中小学等教育机构主要负责评估学生的学习和行为困难、提供教学顾问服务的教师）必须达到硕士以上学历；日本要求学校心理健康教育工作者要有硕士以上的学历教育经历；美国则要求从事学校心理辅导的人员必须达到由美国心理学会（APA）和美国学校心理学家学会（NASP）制定的专业标准，参加这两个机构审批认可的培训计划的培训并取得硕士、博士学位，并持有州政府颁发的资格证书，才可以从事学校心理辅导工作。到目前为止，我国对高校心理健康教育教师的专业理论知识要求虽然从国家层面还缺乏具体规定，但各个高校在实践中已经提出了自己的要求。综合起来，主要有以下几点。

1. 心理学基础理论

心理学基础理论是整个高校心理健康教育和心理咨询工作的基础，是保证心理健康教育工作科学性的前提。高校专职心理咨询教师应掌握普通心理学、发展心理学、社会心理学、临床心理学和精神病学等相关理论。

2. 心理咨询的基本理论

心理咨询理论是从人心理的某一个层面或某一个维度入手，通过研究人的心理发展特点，心理问题形成的心理机制和原因，以探索出心理问题的解决方法，从而帮助人们达到心理的健康与和谐发展。所以，每一种心理咨询理论都有其适应的问题和条件，也有各自的长处和不足。故而，要求专职心理健康教育教师要尽量掌握多种心理咨询的理论和技术，学会根据求助学生的心理特点，整合各种心理咨询理论和技术的优势，选择并使用合适的理论和技术为学生解除困惑，使之获得自我成长。

3. 综合多种相关学科的知识

哲学、教育学、社会学、文学、人类学、伦理学、美学等与人的发展相关的学科知识，也是专职心理健康教育教学教师应该掌握的内容。因为这些知识有利于提升心理健康教育教师的自身素质和丰富生活经验；有利于拓展认识视角，从不同角度分析问题的内在原因和问题解决方法；有利于帮助教师对各类学生不同精神世界的理解，从而与学生建立良好的心理联系，协助学生完成心理发展与人格完善。

（三）能力素质

根据高校心理健康教育工作的职能，高校心理健康教育教师应当具备的职业能力，包括一般工作能力素质和特殊能力素质两个方面。

1. 一般工作能力素质

（1）规划并组织实施学校心理健康教育工作的能力。高校专职心理健康教育教师除了专业课教学工作之外，还担负着对全校学生开展心理健康教育的任务。因此，他们需要拥有很强的教育管理能力，规划心理健康教育工作的能力，并且能够根据上级教育领导部门下达的关于高校开展心理健康教育的要求和本校学生的实际情况，制订学校每年心理健康教育工作的计划，并与学校各部门、各院系进行沟通协调。

（2）进行心理健康教育教学的能力。专职心理健康教师需要根据学生的需求确定心理健康教育课程的内容，制定心理健康教育教学计划，营造良好的课堂氛围，培养学生自我生成的能力，帮助学生学会自助。

心理健康教育教师需要了解学生的心理状况和需求，使教学内容更有针对性。通过理论学习和心理咨询、与学生的日常交往及课堂互动等实践活动，了解学生一般心理状况和心理特点，结合所在学校学生的具体情况，确定具体教学内容，制定具体教学计划；在授课过程中，要创造一个良好的课堂氛围，使学生能够安全地敞开内心，自由地分享交流，以促进其深入体验、思考；向学生即时给出触动心灵的回应，在课堂体验的每一个阶段催化学生之间的互动，在尊重的前提下打断学生偏离主题的发言，恰当地选用互动活动等。大学生心理健康教育课程的教学虽有一定的教学预设，制定了教学计划，但这种预设和计划不是刻板不变的。课堂授课中，教师要抓住随时出现的教育契机而不断地生成新内容。对于课堂学生提出的新问题，学生分享的新经验、新认识，教师要学会观察，学会倾听，随时捕捉新信息，选择有效的信息及时转化为教学资源，不拘泥于预设，能够智慧地处理好预设与生成的关系，使课堂教学更加精彩。

（3）进行个别心理咨询的能力。高校心理健康教育教师担负着为学生提供心理咨询的任务。教师需要掌握心理咨询的基本理论和技术，具备心理咨询的能力。这就需要教师具备建立咨询关系的能力、倾听和共情能力、问题评估能力、个案分析能力、咨询技术运用能力和咨询反思能力等。教师要无条件地接纳学生，倾听他们的内心，与他们共情，要对学生进行心理问题的评估，能够分析个案材料。教师还要具备心理咨询技术运用的能力，根据求助学生的具体情况选择与之相匹配的心理咨询方法和技术。咨询结束后，还要对咨询过程进行反思，总结咨询案例的经验。

（4）进行团体辅导的能力。针对一类学生的情况开展团体辅导也是专职心理健康教育教师的职责。这需要教师掌握团体辅导的基本理论和方法，具备开展团体心理辅导的能力。具体包括团体辅导活动方案的设计，团体辅导活动的组织与实施，团体动力的激发，团体成员特殊问题的处理等。

（5）进行心理疾病与心理危机预防和干预能力。能够使用常见大学生心理健康测查量表，对大学生心理健康进行调查研究分析；能够鉴别大学生常见的精神疾病和自杀危机，具备危机应对的基本技能，包括预防、监护、转介能力，应激事件处理能力，哀伤辅导能力等。

（6）开展科学研究的能力。具备依据科学的理论，对大学生的心理以及高校心理素质教育的教学、咨询、危机预防干预等工作进行科学研究的能力，不断提高高校心理健康教育水平。

2. 特殊能力素质

由于高校心理健康教育教师从事的心理咨询工作对其职业能力的要求较高，应当具备作为心理咨询师的特殊能力素质。我国《心理咨询师国家职业标准》要求心理咨询师特有的专业能力，有观察理解、思维变通、表达、人际沟通、自我控制和自我心理平衡等方面的能力。

（1）敏锐的观察能力。心理健康教育需要以教师对学生的敏锐观察和准确判断为基础，进行有针对性、有目的性的教育。因为学生的心理具有很强的内隐性，即使表现于外的也往往渗透于言行之中，不易察觉，这需要心理健康教育教师运用敏锐的观察能力，通过学生的表情、动作、眼神、肌肉抽动等细微之处来察觉其内在的心理活动。

（2）逻辑思维和变通能力。良好的逻辑思维和变通能力是心理健康教师筛查、梳理和判断学生心理问题的有力保障。教师要对学生表达的各种事件和信息进行筛查，对纷纭、混乱的信息进行梳理，找到其产生心理困惑的和逻辑，并运用可能的积极资源，协助学生澄清认识，改变僵化思维，达到自我改变和成长的目的。

（3）良好的语言表达能力。良好的语言表达能力是高校心理健康教育教师完成心理健康教育课程，开展心理健康教育活动，做好心理咨询或心理危机干预等具体工作的基础。教师运用语言表达的提问、澄清、核查、对质等技巧，运用非语言的沟通技巧，与学生进行良好的沟通，以保证心理健康教育和心理咨询的效果。

二、高校专职心理健康教师的职责与工作开展

（一）高校专职心理健康教师的职责

高校专职心理健康教师需要结合学校的实际情况和学生的心理状况制订适合的心理健康教育计划和方案，具体包括承担心理健康教育课程教学、开展心理健康教育活动、心理咨询、心理危机的预防和干预和心理健康教育的科学研究等。

通过公共必修课和选修课的形式开设心理健康教育的课程教学，是高校对学生进行系统心理健康教育的主要渠道，也是高校专职心理健康教师承担的主要工作职责之一；通过一系列的心理健康教育活动开展心理健康教育，是提升学生心理素质的重要途径。高校专职心理健康教师，通过诸如心理讲座、指导学生心理社团、开展形式多样的心理健康活动、制作心理健康网页、出版心理健康刊物等方式，来进行具体的主题心理健康教育活动。另外，通过个体心理咨询和团体心理咨询来解决学生的心理困扰和心理问题，构建大学生心理疾病与心理危机预防和干预工作体系、制订学校心理危机预防与干预工作计划、识别心理危机、进行心理危机干预以及相关的宣传教育与培训工作，通过与国内外心理咨询机构的学术交流和课题研究开展科学研究工作，都是高校专职心理健康教育教师的工作职责。

（二）高校专职心理健康教育教师的工作开展

1. 认真分析，对症下药

高校专职心理健康教育教师在工作过程中需要耐心、细心，需要仔细分析学生的思想特点和个性特征，针对学生的具体实际，因材施教。如可以根据学生的不同气质类型，因势利导，对症下药。从谈话方式来说，对脾气火暴的胆汁质学生要心平气和、委婉批评；对多血质学生开诚布公、坦率直言、多方启发；对黏液质学生循循善诱，有理有据、娓娓道来，不急于求成；而对抑郁质学生则给予更多关怀、理解和耐心，进行单独交流或网络交流，消除疑虑和误解，提高自信和勇气。

2. 正确诊断，直面阻抗

阻抗是心理健康教师教育教学工作中经常遇到的问题，弄清阻抗的真正原因是进行准确诊断的基础。例如，对于由内心的不信任还是本身的退缩人

格所致，抑或是咨询中真正的心理阻抗，其处理方式皆不同。弄清阻抗的原因，解释阻抗、破解阻抗，才能使心理健康教育和心理咨询取得实质进展。不能对阻抗学生一刀切，回避阻抗，或为了减少工作量而以阻抗为原因拒绝对学生进行教育或咨询。

3. 相互尊重，师生和谐

大学生心理健康教育是一个师生相互合作、相互影响的过程，教育过程的顺畅和教育目标的完成需要双方相互尊重，建立和谐的师生关系。所以，教育过程中需要教师充分尊重学生三观，缩小师生意识观念的差距，积极引导他们正确道德感、人生观和勤奋感的树立，以使他们喜欢、肯定和认同自己及教师的教育理念；给予他们无条件的、积极的关注和爱护，与他们建立和谐、健康和融洽的师生关系。

4. 增强信任，提高认同

高校专职心理健康教师需要在教育教学工作中发挥自身的人格魅力，获得学生的认同感，增强信任感。心理健康教师要用广博的知识，健康的情趣，丰富的阅历和广泛的兴趣等来提升自身的人格魅力。同时，用心理健康教师独有的亲和力、正义感、约束力和沟通能力，增强学生的信任感，提高学生对教育理念和教育方式的认同感。

5. 加大宣传，端正认识

高校专职心理健康教师需要充分利用可获得的媒介展开心理健康知识的宣传，提高学生对心理健康的意识，使他们正确认识心理健康，关注心理健康，学习心理健康促进的方法，提升心理健康水平。如利用讲座、学校展板、宣传栏、广播、电子屏、各种网络平台（微信、QQ、微博、抖音、网站等）等进行心理健康知识的普及和宣传，用广撒网和广播种的方式进行地毯式宣传，以端正和提高学生的心理健康意识水平。

6. 拒绝单调，方式多样

高校专职心理健康教育教师在教育过程中要杜绝枯燥单调的理论，以多样化的形式和丰富的内容对学生进行心理健康教育。如传统的面对面讲授、团体辅导活动、专题讲座、主题沙龙、书信、电话、网络等方式都可以加以使用。教育内容形式也要多样化，如运用文字、图表、绘画、导图、语言表达等形式进行沟通交流和情绪体验及分享。另外，教学方式也要丰富化，如可以通过案例分析和分享，增强学生的共情能力，进行感同身受和换位思考，采用游戏、心理剧及比赛等手段，增强学习气氛，加深印象，使学生获得启发。

第二节　高校专职心理健康教师队伍的职业发展问题及发展路径

一、高校专职心理健康教师队伍职业发展的现状及问题

近年来我国高校心理健康教育被提高到极其重要的位置，国家和政府提供了相应的政策法律保障，在财力和物力上给予了大力支持。但目前高校心理健康教育专职教师的职业现状仍旧不容乐观。

（一）数量不足

教育部《普通高等学校学生心理健康教育工作基本建设标准（试行）》（教思政厅〔2011〕1号）中，对大学生心理健康教育的教学体系、宣传活动体系、咨询服务体系和心理危机干预体系的建设都作出过明确的要求。其中要求高校专兼职心理健康教育教师“按照师生比1∶3 000的比例设置，其中专职心理健康教育教师不得少于2名”。这个要求与国际标准相比差距很大，况且作为学校心理健康教育教学工作的主力军，其职责范围本就比其他专业教师大而广，其工作量之大可想而知。假如在一个2万人的高校中，按这个标准应至少要设置2名专职心理健康教育教师和5名兼职教师。按照每年5 000名学生共100个班的招生规模来计算，那么心理健康教育教师要完成的必修课程是每学年1 600节（2班合堂）的课程教学任务，分担到每人身上大约就是每人每周14节课的工作量，再加上其他的工作职责和任务，这是很难完成的事情（这还是并未区分专兼职教师，将兼职教师也当作专职教师来看的情况）。所以，心理健康教育教学专兼职教师的数量严重不足，是当前高校心理健康教育教师队伍职业发展的最明显问题，已经成为制约高校心理健康教育发展的重要因素。

（二）职责定位不明

精确的职责定位和明确的角色定位是各职业专业化发展的基点。我国心理健康教育教师，特别是专职心理健康教师的职业角色意识和职责定位并不

明确，主要表现为心理健康教育教师与学生工作管理者、德育教师等角色混淆。除了心理健康教育教师自身的职业角色意识不明确之外，高校的教育体制和教育理念也是重要的因素。心理健康教育教育自身存在专业化和职业化不足的现象，加之高校管理者并未对心理健康教育教师的职责进行明确的分工和定位，还经常安排心理健康教育教师去做学生管理工作或德育工作，致使心理健康教育教师队伍整体上出现内在的角色定位和外在的职责定位不明确问题。

国外有可以借鉴的经验供我们学习。美国大学生心理健康教育的服务范围具有明显的多样性和综合性。美国心理健康教育教师的职责有：进行职业和学业选择指导、学业咨询、社会问题及情绪问题咨询、学校课程设置干预、家长与教师的咨询服务、问题学生的行为治疗、学业指导、机构自身的发展工作和科学研究等。可见，美国学校心理健康教育工作的职责范围界限比较明确，工作的内容更深入。但是，其工作领域和职责范围仅仅限于心理健康的测量、心理咨询的服务和研究等方面。

（三）培训欠缺规范

专业培训是心理健康教育教师提升专业化和职业化水平的重要渠道，但培训规范性仍需加强。以北京为例，市教育委员会近年加大了对专职心理健康教师的专业培训力度。但各高校的实施程度并不均衡，在重视程度、培训时间、经费支持等方面差异很大。各高校也缺少划分不同教师专业水平和层次的科学规划，培训制度还不够健全，培训力度也还不够大，与国家教育委员会在《高等学校教师培训工作规程》提出的“规范化和制度化”目标相差还很远。另外，培训内容的知识结构也不够健全。由于专业培训的规范化和专业化不足，加之专职教师数量不足，其专业能力提高和学历提升的途径狭窄，发展平台不高，致使各高校在开展教育、教学、咨询和科研方面能力参差不齐。

（四）边缘化管理

由于教师自身的角色定位不清和学校对心理健康教育教师工作职责定位的不统一，致使高校对心理健康教育专职教师的人事管理归属不一，从而出现了心理健康教育教师，尤其是专职教师的职业发展通道不畅的现象。以北京各高校为例，专职心理健康教育教师的管理和归属形式存在 3 种情况：第一种是归属于人文社科类专业理论学科教学单位；第二种属于学生事务管理部门，这也是大多数高校采取的形式；第三种则是归属于体育、艺术等基本素质教学部门。归属单位不同，工作的职责范围不同，其考核标准也不尽相同，使得各高校对专职心理健康教育教师的职责要求不统一，教师职业定位混乱，教师自身的角色定位也出现差异。

（五）发展前途迷茫

由于缺乏统一的学科管理归属和一致的人事管理体系，高校专职心理健康教育教师出现了学历提升、职称评定和职务晋级等方面的问题，使教师对发展前途感到迷茫。例如，有的高校因为缺乏对专职心理健康教育教师职业发展的政策保证，使其职称发展序列不明，严重制约了专职心理健康教育教师队伍的稳定和可持续发展。比如，将专职心理健康教师定编在行政岗，致使其评聘专业技术职称成为个人发展无法逾越的障碍；或虽把其列入思想政治教育教师序列，但没有根据其具体工作实践性强的特点（承担教学、咨询、大量日常宣传教育活动和危机预防干预），制定与其工作实际相符合的评聘标准，在实际评聘操作中出现不公平现象，使得专职心理健康教育教师仍然没有机会晋升职称，获得职业发展的认可。政策保障的缺乏和实际职业发展的障碍，使得许多专职心理健康教育教师对个人发展感到迷惘与失望，造成转行干行政、干思政或其他有利于职业发展的工作，致使教师队伍不稳定，最终影响心理健康教育工作的专业化、职业化发展。

二、促进高校专职心理健康教师队伍职业发展的途径

针对高校专职心理健康教师队伍职业发展的问题，制定有针对性的解决措施，获得促进其队伍职业发展的途径，这需要各级部门的协调配合。如在市级层面建立促进专职心理健康教育教师职业发展的领导协调机制，制定符合其工作实际的专业化和职业化发展政策，出台具有可操作性的具体指导方案，确保专职心理健康教育教师向职业化、专业化、专家化方向发展。

（一）理顺机制，明确角色定位

高校专职心理健康教育教师的工作职责、内容及性质具有多样性和复杂性的特点，这与一般的专职行政工作人员和专职教学科研人员不同。高校要根据心理健康教育工作的具体需要和专职心理健康教育教师工作的特殊性，在对具体工作进行调查研究的基础上，制定符合其工作特点的专业化与职业化工作标准，严格界定专职心理健康教育教师工作的范围，理清其工作职能，确定其岗位职责，明确其角色定位，理顺对心理健康教育工作机构（心

理健康教育研究中心、心理咨询中心）的管理。

（二）制定科学的教师职称评聘政策

科学的教师职称评聘政策，是促进专职心理健康教育教师队伍稳定与发展的重要措施。在我国目前的职业发展中，专业职称的晋升是不断激励教师职业发展的重要力量。

传统的职称评聘办法和评聘条件对于高校专职心理健康教育教师队伍并不太适用。市级层面并没有促进专职心理健康教育教师职业发展的领导协调机制和相应政策，更没有可操作性的具体指导方案。这不利于专职心理健康教育教师的职业化和专业化发展。所以，高校可以通过制定专门针对专职心理健康教育教师的职称评聘政策，明确职称晋升序列来确保其职业发展的方向。同时，评聘标准要符合专职心理健康教育教师的具体工作特点，综合考虑其业务能力、工作绩效与研究水平；也可单独列系列和标准，由市教委统一设指标，全市统一评审；还可参照辅导员职称发展序列的双重身份，保障心理健康教育教师双线晋升。

（三）探索高校心理健康教育认证体系

高校专职心理健康教育教师所担负的工作任务和工作角色，与医院的精神科医生、心理治疗师和社会上的心理咨询师差异很大，也区别于高校的心理学专业学科教师。应该专门制定高校专职心理健康教育教师的认证标准和任职资格准入制度，以保障其专业素质水平。要求专职心理健康教育教师除了具备法定教师资格的相关条件外，还必须有特殊的专业标准和条件。对其具体的工作职责、道德标准和专业技能要求等进行细致的规定，并完善管理机制，规范职业行为，以保证其工作的水平提升。

（四）加强专业培训和督导

高校心理健康教育教学工作既要研究来自不同地区、不同家庭、不同成长经历、不同年龄、不同专业大学生的心理状况，又要研究教育、咨询的相关心理学理论，还要拥有心理教育、教学、心理咨询和心理危机干预的实际技能。因此，对心理健康教育教师专业知识与技能的要求很高，需要持续进行专业培训和专业督导。

1. 专业培训

高校专职心理健康教育教师可以通过三条途径进行专业培训：国家层

面，由教育部提供心理健康教育专职教师进行国内外进修、访学和督导的机会，学习国内外先进经验，促进其专业上的可持续发展；地区层面，利用地方自身优势，选拔一批专职教师攻读博士学位，提高专职教师的学历水平；学校层面，根据具体情况组织专职教师参加一些社会机构的专业培训，进行同行交流、研讨和学习。

培训内容要符合专职心理健康教育教师的实际情况，涉及心理健康教育课程教学和组织能力培养，个别心理咨询和团体心理咨询的理论与方法，不同流派的心理咨询理论和技能，心理危机预防和干预的理论与方法，心理健康教育科学研究的方法等等。培训方法应注重把理论讲授和实际技能训练相结合，切实提高教师的专业能力和专业水平。

2. 专业督导

接受专业督导也是促进专业心理健康教师职业发展的有效途径之一。

接受专业督导师的观察、监督与指导，是一个帮助专职心理健康教师完善心理治疗方法和技术的重要途径。接受督导可以帮助专职心理健康教师认清能力界限，理清咨询过程中的咨访关系，提高心理健康教师的专业职责和专业道德意识，以保证专职心理健康教师的素质和专业水准。督导与被督导不仅有利于个人专业能力的发展，完善的督导制度体系更是心理健康尤其是心理咨询行业成熟的标志。

国外对专业咨询师的专业督导制度更加完善和严格。如要求获得专业咨询师从业资格前必须接受几百到上千小时的专业督导；要求专业咨询师其发展的每个阶段，都需要针对不同的个体成长问题接受相应的督导和帮助。我国也日益重视专业的督导，如许多高校通过建立定期督导制度，坚持对专兼职心理健康教师进行专业督导，以保障其心理咨询水平。总体而言，由于督导意识和专业督导师数量的缺乏，使其并不能满足该专业发展的需求。这个问题需要通过增加和培养高水平的督导师及建立完善的督导制度来解决。

（五）规范工作管理

规范绩效管理，明确岗位职责。要使管理人员和专职心理健康教师都清楚自己的职责、具体工作范围和绩效目标，并使目标要求与工作职责相一致；确定科学完整的绩效考核指标体系，根据工作职责的类型、特点和性质确定评价标准，设计评价指标，综合使用横向和纵向评价；同时要注意建立和保存绩效管理档案。

第三节　辅导员在大学生心理健康教育中的作用

2004年，中共中央、国务院《关于进一步加强和改进大学生思想政治教育的意见》（简称《意见》）的下发，拓展了辅导员职能，“帮助学生解决实际问题”作为一项职能被写进了文件，这些“实际问题”包括心理、就业、生涯规划、人际关系等。《意见》的颁布，肯定了辅导员在学生心理健康教育中的重要作用，也明确了辅导员心理健康教育者的身份和角色。

一、辅导员在大学生心理健康教育中的角色

虽然心理健康教育工作被明确纳入辅导员的工作范畴，但辅导员不是专业的心理咨询师，其角色与功能也与专兼职心理健康教育教师有很大的区别。那么，高校辅导员在心理健康教育工作中究竟还兼任哪些独特的角色呢?

（一）学生心理成长的促进者

在高校专业心理辅导教师无法满足学生日益增长的心理健康教育需求的情况下，既有教育学、心理学知识储备，又对学生情况最了解的辅导员就成为学生心理成长的促进者。辅导员发挥自身的知识和身份优势，利用自身积累的学生工作管理经验和心得，对学生的心理健康状况进行密切关注，成为大学生心理健康教育队伍的重要成员，成为学生心理成长的促进者。加之思想政治教育与心理健康教育工作内容原有的对应性，如生活辅导、网络辅导、亲子辅导、人际关系辅导和情绪辅导等，使得辅导员在工作过程中更容易实施心理成长促进的作用。

（二）学生心理困惑的疏导者

辅导员与学生接触的密集性和关系的密切性特点，使其成为学生面临问题的优先来访者。当学生考虑找老师求助时，辅导员总是学生最先考虑的值得信任之人。实际上，在很多情况下，专职心理辅导教师接触的心理咨询学生，已经是经过辅导员心理成长促进和心理交流与沟通之后的很少一部分了。现实情况应该是，学生日常生活学习过程中的问题和困惑，绝大部分是

由辅导员在日常管理工作中解决的。所以，辅导员应该是当之无愧的第一个学生心灵导师和心理困惑的疏导者。

（三）学生心理咨询的推荐者

在帮助学生解除心理困惑的过程中，会遇到一些辅导员职责范围之外或难以解决的心理问题，这就需要专业的心理咨询帮助。而在学生与专业心理辅导教师或心理咨询师之间联系的纽带就是辅导员。学生在辅导员的推荐或帮助下，更容易接受专业的心理辅导或咨询。在辅导员的桥梁作用下，学生的专业心理辅导效果也会更有保障。

（四）学生心理康复的支持者

原生家庭的亲子关系、同学朋友关系和师生关系几乎涵盖了大学生人际关系的绝大部分，这些关系都是学生应对压力和挫折的支持力量，也是学生自我内生心理能量的输入渠道。而在这些关系中，辅导员的支持对有心理问题学生的影响重大，是问题学生战胜心理问题的重大支持力量。辅导员作为学生信任的老师和比较了解学生的人，其对学生的关心、安慰、帮助和引导，对学生的心理康复起着重要的作用。

（五）学生心理危机的预防者、干预者和协同者

在学生心理危机预防和干预中，辅导员分成两种角色群体。一类是取得国家心理咨询师认证的辅导员，他们在工作中可以针对心理问题学生直接开展心理咨询工作以帮助学生解决一般心理问题；他们具有辅导员和咨询师的双重角色，能够直接参与学生心理危机的预防和干预工作。另一类是未获得国家心理咨询师认证的辅导员，他们不能对学生的心理问题进行咨询，而是在学生心理危机预防和干预中辅助专职心理咨询师进行工作。在日常工作中，辅导员是学生心理危机干预的“协同者”进行心理健康教育的宣传、组织和普及。辅导员需要承担大学生心理危机二级污染的干预，对与危机主体或危机事件有密切联系的人的心理疏导和进行事宜处理；承担大学生心理危机处理过程中的协调工作，提供主体背景资料、帮助联系与危机主体有关人及善后工作；还需要为危机主体创设有利于心理康复的班级及宿舍氛围等。

另外，鉴于心理健康教育与思想政治教育的交叉融合关系和特点，也赋予了辅导员心理健康教育“核心价值的引领者”和普及型、发展性心理健康教育的“培育者”两个角色。

（六）心理健康教育核心价值的引领者

从把心理健康教育作为思想政治教育的重要体系和途径的角度来看，心理健康教育也有价值引领的使命。辅导员在日常思想政治教育工作中，应把社会主义核心价值观等内容积极融入心理健康教育之中，肩负社会主义核心价值观的传播和普及任务，发挥社会主义核心价值观的引领作用。且价值观教育的认知、情感、态度和意志等内容也都是心理学的内容和范畴，本身就具有缓解心理冲突、重建心理秩序和塑造社会心态的作用。

（七）普及型、发展性心理健康教育的培育者

对于普及型、发展性的心理健康内容，辅导员可以通过自身的工作优势进行心理健康知识的传播、心理健康情感的培养和心理健康兴趣的养成等工作。在辅导员的学生工作过程中，可以结合思想政治教育，在心理素质提升、行为习惯养成和网络心理健康教育等方面致力于塑造健康人格，进行情绪调控，培养坚强意志，培养良好学习和行为习惯等方面的教育。

可见，辅导员的工作对象具有特殊性。辅导员的工作内容具有繁碎、复杂和多变的特点，这使得辅导员具有多重身份，工作中承担着多种角色。加之辅导员工作时间的无界性和工作价值的无限性，需要他们以非常地热情、极度地细致、无比地真诚和无私的奉献精神来与之匹配。

二、辅导员在大学生心理健康教育中的作用

（一）促进学生全面发展的保障

良好的心理素质是学生全面成才的基础。大学生正处于人生发展的转折时期，常常会遇到自我认识、学业发展、人际交往、恋爱及就业等多种冲突，加之现代社会竞争激烈、心理压力增大，在各种矛盾冲突面前，大学生极易产生心理困惑，甚至发生心理障碍，严重者还会发生心理危机。大学生的心理发展需要教师对他们进行积极的心理引导。辅导员具有与学生联系最密切，对学生最了解的工作便利，需要其在学生工作中充分发挥这种优势，为学生身心健康的全面发展提供保障。

（二）深化和普及高校心理健康教育的实施

辅导员是高校学生思想政治教育的一支骨干队伍。辅导员作为高校的一线学生工作教师，不但担负着对大学生进行思想政治教育和管理的任务，也

担负着对学生进行心理疏导，帮助学生心理健康发展的任务。辅导员在工作中接触学生最为密切，最了解学生，能够及时发现学生的心理问题，及时进行疏导。依靠广大辅导员对学生进行心理健康教育和心理辅导，有利于解决我国大学生心理健康咨询专业人员不足带来的心理健康教育普及不够广泛、学生一般性心理问题不能及时得到疏导的问题，能够把对大学生的心理健康教育落到实处。

（三）推动辅导员工作的专业化发展

以往的高校学生辅导员主要承担学生思想政治教育和管理学生工作。在现实工作中，学生的思想、行为问题许多是由心理问题引起。随着社会的发展，辅导员越来越多地承担着学生心理疏导的工作。因此，培训高校辅导员队伍，使其具有一定的心理学知识与心理咨询技能，具备对学生开展心理健康教育的能力，是新形势下我国辅导员工作科学化、专业化的必然要求。

三、辅导员心理健康教育技能培训

心理健康教育技能培训是提升辅导员心理健康教育水平和能力的重要途径。参加技能培训既是辅导员自身成长和专业发展的需求，也是辅导员顺利从事学生心理健康教育工作的迫切要求。

（一）辅导员心理健康教育技能培训的目的

心理健康教育技能的培训是促进辅导员个人成长，保持身心健康的需要。从辅导员的个人成长来看，高校辅导员要承担学生的思想政治教育、管理、资助、就业指导与生涯规划、心理健康教育、心理危机预防干预工作，还要承担相关的一些课程和研究工作，他们的工作繁杂，工作任务重，而且工作量大。一个辅导员要负责几百甚至上千的学生的教育、管理工作，他们的工作时间长，常常是 24 小时开手机，学生有事随时处理。他们的职责没有边界，学校中各部门与学生有直接关系的工作，都要通过辅导员来具体落实。学生中危机事件的发生，不仅给辅导员增添了许多工作量，也会对辅导员的身心造成冲击。职业发展不确定，使得许多辅导员感到前途渺茫，工作动力不足。除工作之外，辅导员自身还承受着种种生活的压力，个人的学习、进修、发展等。所有这些，都会耗损辅导员的身心，使之产生职业倦息，影响他们的心理健康。对辅导员进行心理健康教育能力的专业培训，可以帮助辅导员运用所学的心理学的理论和方法调整自己的心态，增加自我认同感和自我价值感，积极乐观地面对生活和工作，提升心理健康水平，促进个人成长。

心理健康教育技能的培训也是辅导员专业化发展的需要。高校辅导员队伍比较年轻，所学的专业五花八门，教育学和心理学专业的较少，且往往都是与管理相关的专业。这使得他们虽然比较了解学生本专业的相关事宜，但对于心理健康教育的知识和经验大都缺乏。以山东各高校为例，辅导员招聘的来源主要有这两个：一是本专业优秀毕业生，二是社会招聘专职辅导员。本专业优秀毕业生大都有学生工作经验，但心理学和教育学相关知识欠缺；专职辅导员虽然要求有一定的教育学或心理学专业知识，但在招聘和选拔过程中真正符合这一条件的并不多见。而且，真正选拔的教育学和心理学专业的专职辅导员也缺少实战经验和工作经历。所以，要想增强这些辅导员的专业技能，提升辅导员队伍的专业化水准，迫切需要对其进行心理健康教育的专业技能培训。

（二）辅导员心理健康教育技能培训的内容和方法

为使高校辅导员胜任学生心理健康教育的角色，具备对大学生进行心理健康教育和心理辅导的能力，应该特别为高校学生辅导员安排系统的心理健康教育的专业培训。

1. 培训目标

通过培训，使高校辅导员能够掌握与大学生心理健康教育相关的专业知识；具备大学生心理健康教育的操作技能；能够运用所学的心理健康教育知识和技能开展本院（系）、本班级的心理健康教育工作，与学生进行心理沟通，对学生进行心理疏导及危机预防干预；促进辅导员自身心理健康与自我成长。

2. 培训内容

培训内容分为 4 个部分。

一是辅导员自身心理健康与个人成长。通过学习有关心理健康的理论，帮助辅导员了解个人成长的意义，明确自身的心理素质要求，学习心理调节的方法和促进个人成长的有效措施，提升自我认识，正确处理压力，保持心理健康。

二是大学生心理健康专题培训。包括大学生心理健康的概念，大学生心理健康的标准，心理健康对大学生成长、发展的意义，大学生常见心理问题的表现及鉴别，大学生常见的心理问题及教育（大学生的自我意识，适应与发展、人际交往、情绪管理、性心理与恋爱心理、挫折应对、生命与死亡等），还有开展高校心理健康教育活动的途径和方法等。

三是心理咨询的理论与方法。个体心理咨询的理论与方法包括心理咨询的定义、心理咨询的伦理道德、心理咨询关系的建立、心理咨询与思想政治教育的关系、我国大学生心理健康咨询的发展、个体心理咨询的基本过程及常用技术、心理咨询的基本过程、心理咨询的常用技术（包括尊重、真诚、共情、非语言沟通技术、倾听、提问和影响技术等）、心理咨询计划和方案的制订与实施及心理咨询的基本理论流派（包括精神动力学理论、人本主义理论、认知行为理论等）等。另外，团体心理咨询的理论与方法、班级心理辅导和团体干预的组织实施等也是培训的重要内容。

四是大学生心理危机的识别与预防干预。包括心理危机及心理危机干预理论，心理危机的干预模式与干预技术；心理危机的发现与识别，导致大学生自杀的危险因素；高校心理危机预防干预体系的实施及流程，高校心理危机干预案例分析。此外，大学生心理测量的基本方法也是培训内容之一。包括心理测量的基本原理及应用，心理测量的伦理要求，大学生常用心理健康测量量表（例如心理健康症状自评量表 SCL－90、抑郁自评量表 SDS、焦虑自评量表 SAS、贝克抑郁量表 BDI 等）的使用。

3. 培训方法

对辅导员的心理健康教育技能培训，要采取理论联系实际的方法。引导辅导员在教学过程中，结合自己的生活经历、成长过程、工作实际和心理活动进行学习和思考，自觉运用学习的相关理论，分析工作、生活、发展中遇到的实际问题。培训要有集中性的理论培训，要注重实践环节，以培养辅导员的实际应用能力为目标，引导辅导员把学习的理论与方法运用到大学生思想政治教育之中，运用到本校心理健康教育之中，增强工作的科学性和实效性。对辅导员的学习与应用进行督导，可以帮助他们在实际工作中更好地运用心理辅导的理论和方法，因此培训中要有专业督导的环节。

第四节　高校辅导员心理健康教育工作的实践

一、案例一：认知疗法处理大学生宿舍人际关系

（一）案例基本情况

大一新生小 C，性格内向，喜静，不喜与人交往，平时学习努力，积极

进取。宿舍中有的成员性格较外向，晚上经常喜欢在宿舍嬉戏打闹，聊天八卦。小C对这些话题并不喜欢，也无法与舍友进行交流，且舍友的打闹嬉戏经常使她无法专心做事，她感到自己在宿舍里就是一个“另类”，非常不自在。为此，她感到非常苦恼，但由于无人交流，只能在心里憋着。久而久之，一些想不通的事情使她睡觉不踏实，学习注意力不集中，吃饭也不香。

（二）问题分析

宿舍人际关系作为一般人际关系的一种，虽然不如亲子关系和亲密关系的情感深厚，但由于其对个体日常生活的影响范围之广，对其他生活能力的阻碍之大，不得不引起辅导员的注意。所以，引导学生关注人际交往能力，直面人际交往问题，提升人际交往意识是辅导员工作的重要内容之一。

这显然是一起典型的宿舍人际关系问题，具体而言是学生性格、习惯的磨合问题。大学是学生步入社会前的过渡阶段，大学生的班级和宿舍成员来自大江南北，每个人的性格与生活习惯均有所差别。学生宿舍问题是最常见的学生问题，虽然较为普遍，但若处理不好，很容易引起宿舍矛盾，严重影响学生的身心发展，不利于班级、宿舍关系。

（三）原因分析

1. 性格不合

舍友们在脾气性格、生活习惯、兴趣爱好、家庭经济状况等方面存在明显差异，这些差异性和多样性使他们在长期生活中难免会有摩擦。小C是第一次离开父母外出上学，第一次住宿，更是第一次与这么多人交往，相对高中的单一性，大学生活让她应接不暇，性格内向更让她不知与谁交流。迷茫内向的小C与宿舍其他性格外向、喜欢热闹的舍友有着两种完全不同的性格与生活习惯。

2. 缺乏交流沟通

大学是培养学生自主能力和人际交往能力的地方，需要不断的交流沟通。但小C缺乏与人交流沟通的意愿和习惯，不了解与人沟通和交流的方法与技巧，不知怎样将自己的心声透露给他人，使得她处于孤独、寂寞、烦闷和无助之中。

3. 女生心理相对较敏感

女生的生理特性决定其感情细腻、偏感性。女生之间的矛盾多藏于心中，不喜欢以直接的方式解决问题，但其实这是埋藏祸端的开始。当宿舍的小矛盾和问题超过自身承受范围和忍受程度时，宿舍矛盾就如同气球爆炸一样产生很强的影响力。

4. 问题解决的思维比较狭窄

通过小C处理自我宿舍人际关系的解决思路和办法，可以看出她解决问题的思维比较狭窄，且抓不住问题的核心。她在面临宿舍人际关系时，只想通过调整宿舍来解决当前面临的问题，而不去考虑问题的核心在于自身的人际交往能力。可以预见的是，调整宿舍后的舍友中也可能存在性格活泼外向的同学，难道出现问题，只能想到调整宿舍这一条解决办法吗？

（四）解决方案

1. 换位思考

小C宿舍中有两名学生性格较为张扬开放，平常喜欢化浓妆，喜欢抖音直播。而当事人小C同学则具有严明的学习纪律和生活原则，特别不喜欢这样的娱乐项目。针对这种情况，辅导员与该宿舍同学进行交流，建议大家在宿舍交往中要多进行换位思考，要多照顾他人感受，并提出宿舍作为休息的安静公共场所，要尽量做一些与宿舍环境相宜的言行举止，要求大家要遵守宿舍管理规定，不做过分喧哗和吵闹的行为。

2. 发挥共情作用

站在学生角度分析问题，在沟通中充分共情。辅导员与小C同学交流沟通时，应注意安抚学生情绪，以调动学生的积极情绪。如向学生表明自己可以理解她十分想在学校里学习知识并提高自身能力的想法，身为老师自己也十分愿意帮助她确定正确的人生规划，并对她从开学后到现在的表现给予肯定和认可，以加强小C对未来及大学生活的期望；告知小C同学如果没有人可以交流的时候可以给自己发消息，讲讲自己的见闻，抒发一下自己的见解。

3. “行有不得，反求诸己”的人际认知意识

在肯定小C同学自主寻求老师帮助行为的前提下，与其进行沟通分析，使其意识到问题解决的核心在于自己，而不在于他人。因为每个舍友作为一个独立的个体，都有其独特的性格特点和个性特色，我们无法左右他人，只能改变自己来适应多变的环境。引导小C遇事多从自身的角度找问题，要通过提升自我的心理素质来从本质上解决问题。

4. 学习并练习良好人际关系的方法和技巧

在分析核心关键问题在于自身素质有待提升的前提下，引导其关注和树立人际意识的基础上，为其介绍几种建立良好人际关系的方法。如用记日记的方法表达自我积极情感、适当宣泄情绪、换位思考、真诚赞美、学会微笑等。同时，鼓励小C同学在自己的日常生活中积极运用这些方法，并将自己的应用体验及时总结和反思。

5. 防微杜渐，进行普适宣传教育

以小C同学的经历为契机，通过班委和舍长了解班级其他类似情况发生的概率，召开主题班会或讲座让学生了解宿舍关系的重要性，明白在生活过程中不干扰他人生活，学生之间团结互助、交流合作，以共建和谐互助的宿舍关系的道理。

针对如何提升人际交往能力的问题，请有经验的辅导员和心理辅导教师举办专题讲座。通过讲座向学生讲述与他人进行交流沟通的意义及重要性，告知学生与他人交往的技巧，鼓励学生主动迈出一步，加强与他人的交流沟通，并表达希望同学们在日常生活中形成积极的心态，养成良好习惯的期望。

（五）分析与启示

大学是一个自我约束、自我成长、自我成熟的重要阶段，更是学生由校园跨向社会必不可少的阶段。辅导员作为大学生在校期间的重要引导者，面对常见的宿舍矛盾时，不但要深入了解学生，还要创新工作方法。作为一名辅导员，工作方法不是一成不变的，应该树立“治未病”的观念，在事情发生前做好“预防”，以避免更大的宿舍矛盾。辅导员还要充分发挥学生的社会关系，学生的事情无小事，更不可能仅出现一件独立的事件，事情发生的背后一定隐藏着更大的社会必然性。身为辅导员，在处理学生事情时，不仅要解决学生之间现存的问题，更要发现事情发生的背后因素，只有这样才能帮助学生彻底解决矛盾，才能引领学生走向正确的人生道路。辅导员应积极学习教育学、心理学相关知识，提升专业素养。辅导员工作复杂而多变，在处理学生工作时要寻求一定的技巧，要多倾听、多沟通、多共情，要充分地走进学生的内心世界。

二、案例二：用“内生力量”改变大学生抑郁心理

（一）案例背景及简介

父女相依为命的小D，由于父亲丧失劳动能力无法照顾她，她从小就在大伯家长住，学费、生活费都由大伯资助。年幼时父母离异，长时间与母亲没有联系，父亲又在工地打工出现意外，丧失劳动能力。小D成绩优异，性格要强，有抑郁和焦虑症状。

（二）原因分析

1. 家庭原因导致极度自卑与封闭

家庭变故导致的自卑是重要原因。母爱缺失、父女沟通缺乏、家庭贫困的现状，并由此曾受到同学们的言语攻击，较大程度地伤害了她。当时小D心里的害怕和委屈无人诉说，严重的自卑心理使她更不愿意和别人交流，也没有去告诉老师与家长，久而久之造成了严重的心理伤害。

屋漏偏逢连夜雨，父亲在工地遭受意外导致劳动能力的丧失，使原本拮据和困难的家庭雪上加霜，给小D的生活当头一棒。无论是父亲住院还是在家休养，都需要小D的照顾。这些经历迫使她不得不长大、懂事，但也变得更加封闭，不想也不愿意与别人交流。

2. 经济拮据带来极大的现实压力

由于父亲丧失劳动能力，自己又无法承担巨大的医疗、生活和教育费用，这给小D带来了极大的现实生活压力。虽然小D的大伯主动承担了她上学的费用，但她认为这给大伯造成了经济的负担，心怀愧疚。父亲和自己的日常生活费用对她来说也负担不轻。同时，她虽然对伸出援助之手的大伯心存感激，但还是难免会有“寄人篱下”的感受，而年长的大伯也较少与她沟通和交流。现实的压力和孤独的感受及很少与家人沟通的习惯，使她在家的大部分时间都是待在自己的房间里，经过长时间的沉淀后，她心理的能量越来越低。

3. 生活的磨难形成了很强的“无助感”

小D本性开朗活泼可爱，但生活的遭遇使得她本性的表现更像是对现

实生活的掩饰和遮挡。她试图用自己的开朗性格来掩盖自身家庭的现实。因为她怕同学们还会像小学时候那样嘲笑、挖苦和讽刺她，怕同学们知道之后会背后议论她。但是在保守秘密的同时也给她自己形成了无形的压力，这些压力使她感受到自己的无限渺小和对现实生活的“无助”。

4. 痛苦体验和遭遇引起内生力量缺乏

内生力量缺乏是小 D 抑郁、焦虑心理的本质原因。家庭变故、经济拮据、生活环境巨变这些系列的重大负面生活事件接连发生在一个心智还未成熟、本该备受呵护的小女生身上，必然无法承受其重。长期无法改变的现实导致小 D 内在生长力量的缺失，而这种内生力量的缺乏又使得她无法获得可以对抗这些负面生活事件的能量，使其陷入恶性循环的“深渊”而无法自拔。所以，使小 D 重新获得对抗磨难和痛苦的内生力量，是解决当前问题的有效方法。

力量无法内生，可以先从外部用力，使其感受和吸收外部力量，从而获得能量的自生。然而，充分发挥“社会支持”的作用可以使小 D 获得这种对抗痛苦的力量。

（三）解决办法

对于内生力量缺乏的个体，外在的社会支持是其对抗负性生活事件的力量。社会支持的类型可分为亲子关系支持、一般人际关系支持和亲密关系支持。根据小 D 的具体情况，可以使用亲子支持和一般人际支持方案。

1. 家庭关系支持，家长陪伴沟通，让学生敞开心扉

通过交流使小 D 明白家庭支持在个体心理健康中的重要性，鼓励她主动与家庭成员沟通和交流。小 D 父亲也接受建议，第一时间与小 D 进行了沟通，小 D 也表示理解父亲。小 D 主动与大伯进行了交流沟通，感谢大伯辛勤劳动供自己读书，向大伯表示了感恩之情，大伯非常高兴，表扬她懂事。小 D 在与家庭的沟通中，体验到了家庭的温暖和关爱，感受到家里人跟她是站在一起的，一直都在为她付出，感到很开心。

2. 师生关系支持，认真倾听与陪伴，让学生感受温暖

对小 D 积极主动找老师交流和咨询，寻求专业帮助的做法给予很大肯定；对小 D 生活经历和目前的状态表示理解，并积极鼓励她在这种苦难经历面前作出的努力和坚强表现。积极表达随时为她提供帮助的意愿，并说明她只要有时间有需要都可以找老师谈心和交流。

3. 舍友关系支持，让学生获得力量

在保护小 D 隐私的前提下，利用团体辅导和朋辈辅导的机会，与其舍友进行了沟通与了解。交流后发现舍友都很爱护她，部分得知其家庭背景的同学也没有对她另眼相看，而是更加陪伴和关心，让小 D 心理上得到了很大的安慰，宿舍成员相处也更加融洽。同时，宿舍两个知情的同学注意为其保密，不经小 D 同意，不向他人透漏。融洽的宿舍关系使小 D 感受到来自舍友同龄人的理解和支持，这给了她战胜困难、高质量完成学业的信心和勇气。

（四）经验启示

用外部“社会支持”的力量，为学生照亮人生。在出现心理问题的时候，当个体自身内生力量缺乏之时，要善于挖掘和发挥外部环境中人际关系的力量，利用“社会支持”为缺乏内生力量的学生带来对抗压力的能量，让其力量重新获得，以照亮学生的内心世界。

第四章　大学生心理健康教育改革的创新

大学生心理健康教育工作承担着提升大学生心理调适能力，保持良好适应能力，提高大学生整体心理健康水平的任务。大学阶段是个体社会化和心理社会化发展的重要时期，大学生需要完成青少年向成年人的角色转换，而心理健康是其顺利完成这一转换的重要前提和基础。大学生心理健康教育改革创新的内容，可从理论创新、模式创新、方法创新等方面考虑其具体的实际意义和实施方案。

第一节　大学生心理健康教育改革的理论创新

一、经典心理学理论与心理健康教育

以经典的心理学理论为基础，进行心理健康教育教学的创新与改革应是确保改革和教育效果的原始保障。经典的心理学理论是经过上百年、几代心理学大师和专家反复论证与实践检验的，以这些理论为基础，为大学生心理健康教育活动改革进行保驾护航。

（一）精神分析理论

根据精神分析理论，开展心理健康教育教学应重视如下方面的要求。

第一，开展心理教育课程，要善于营造有利于学生成长的良好心理氛围和释放学生不良情绪的环境。

第二，引导大学生建立并应用健康的心理防御机制。如通过心理健康教育课程使学生了解积极与消极心理防御机制的内容和作用机制，学会感知和抵制消极心理防御机制的消极作用，发挥积极心理防御机制的作用。

第三，倡导游戏教学，重视情绪疏导。通过游戏方式为学生建立一种合理、安全的情绪疏导渠道，提供一种建立积极情感，调整消极情感的途径。

第四，通过心理健康教育课程和其他相关教育，针对不同大学阶段的年龄特点，帮助学生合理构筑适合其年龄特点的道德观念。

（二）行为主义理论

行为主义理论观点认为在后天环境中习得的不良行为，通过对正确行为模式的模仿、强化和再学习，可以得到改正。学校的任务就是为好行为、好习惯的学习与养成及其坏行为习惯的改变创造适当条件。具体方法包括合理行为程序的选择与设计，强化监督和实施等。

（三）认知理论

根据人的认知是影响其情绪和行为直接原因的理论假设，认知主义理论通过改变学生不良认知和不合理信念达到情绪转变和行为矫正的目的。常用的技术如：认知重建、心理应付、问题解决等技术。认知疗法的主要着眼点，放在学生的非功能性认知问题上，试图通过改变学生对自己、对他人、对事物的看法与态度来改变所呈现的心理问题。因此，认知疗法的策略，在于重建认知结构。最具代表性的方法有理性情绪疗法和贝克认知疗法等。

（四）人本主义理论

根据人本主义理论的基本立场，要求充分尊重学生的主体地位，激发学生积极性，引导学生发觉自我发展潜能。在心理健康教育教学过程中，以学生的身心发展和实际需要为出发点和基础，致力于充分调动学生的能动性，激发来自本身的兴趣和需要，以使学生实现自主学习。如使课程内容尽量与学生心理需求相一致，大学生面临的适应、自我意识、人际交往和情绪等方面的问题和困惑，都应是心理健康教育课程的授课内容。要在授课方法上多引导学生采用探究性学习法，提倡“做中学”的学习模式，引导学生多参与，多体验，从而达到促进学生心理成长的目的。对教学效果的评价也要以“反思性评价”为主，引导学生恰当进行横向和纵向比较，将自评和他评的方式结合运用。

（五）积极心理学理论

积极心理学理论主张通过积极而正面的心理健康教育建构学生积极的健

康观和学生观，培养学生积极的主观体验和正面的未来观。建构个人层面的学习、人际交往、情绪调控等各种方面的能力，发展积极品质；提升群体层面的良好班级氛围，建构健康的成长环境。积极心理学强调学生的主体地位，突出学生在心理健康教育中的参与性，引导学生积极看待个体的经历，从积极视角、途径、思想、过程和反馈塑造学生积极的人生态度，以增强学生对抗生活事件的内生力量。在教学过程中体现积极的正能量，引导积极的正面体验，既重视学生内在良好品质的塑造，又强调突出积极课堂环境氛围的营造，并同时关注家庭教育环境的改善。

二、发展心理学理论与心理健康教育

发展心理学认为通过描述和揭示人心理发展的现象和规律，可以对人的心理发展作出预测。所以发展心理学的心理健康教育教学应是帮助学生提高认知水平，了解自我心理发展的客观规律，根据自身实际情况选择和确定适合的心理健康策略。如根据大学生心理的敏感性、可塑性、差异性等特点进行针对性教育，使其意识到自身的年龄、性格、气质、情绪等特点，及时意识到自身发展的情绪、情感需求及其个性化差异，适时而恰当地作出改变，以促进自我心理健康和发展水平。当然，心理健康教育教学也要关注大学生的心理发展规律，采用恰当的心理健康教育教学手段，更好地发现学生需求，为其提供合适的条件。同时，兼顾学生的差异性，对其进行差异教育，重视学生的个性发展、协调发展和全面发展。

（一）精神分析的发展观

弗洛伊德认为潜意识的性本能是人和社会发展的动力。弗洛伊德的人格结构理论认为，本我、自我和超我是构成人格的三个部分。本我遵循快乐原则，包括人类本能的性内驱力和被压抑的习惯倾向，具有促进个体发展的能量。超我则遵循道德原则，包含良心和自我理想，是人的道德标准和生活的积极方向。遵循现实原则的自我则调节着本我和超我的关系，调控本我与现实世界的关联。人格结构的发展理论主张个体的现实教育要尽可能地附和本我的原始要求，生活状态与原始本我的要求越吻合，其工作和生活动力越强。所以，在心理健康教育教学过程中应引导学生关注自我意识，提升学生自我意识水平，在充分了解自我现实特点、心理规律和环境因素的前提下，使学生的行为与自我特点、规律相吻合，提升自我与环境的契合度，尽量减少自我、本我与超我的冲突，增加和谐行为和自我发展的本我力量。

（二）埃里克森的心理发展观

来自精神分析理论的人格发展八阶段理论认为，人格的发展既受到生物因素的影响，也有文化和社会的影响，提出人格发展是自我在与周围环境交互作用过程中形成的。该理论认为人格发展的不同阶段需要面对不同的危机，承担不同的责任，且每段危机和责任都有其解决的关键时期，错过或滞后都会加重可能的心理不健康情况的发生。所以，心理健康教育教学的任务是引导和帮助学生迎接和面对不同时期的危机和挑战，顺利度过每个人格发展的阶段，形成健康完善的人格，从而提升心理健康水平。人格发展各阶段的危机及解决方法具体如表 4－1 所示。

表 4－1　人格发展的 8 个阶段面临的危机及解决方法

阶段	名称（大致年龄）	面临的危机	危机充分解决	危机未充分解决
1	婴儿期（0～2 岁）	信任与不信任	获得信任感，收获希望	焦虑、不安和怀疑
2	儿童早期（2～4 岁）	自主与羞怯、疑虑	获得控制力，收获意志	疑虑、失控
3	幼儿期（学前期）	主动与内疚	收获主动性和创造性	价值感缺乏
4	少年期（小学期）	勤奋与自卑	丰富社会和认知技能，收获能力	陷入自卑
5	青春期（中学期）	同一性与混乱	实现自我认同与悦纳，收获同一	迷茫、混乱，成长停滞
6	成年早期（大学期）	亲密与孤独	建立亲密感，收获爱情	孤独、自我隔离
7	成年中期（25～50 岁）	内生力与停滞	关注家庭和社会，实现关怀	极度自我、停滞
8	成年晚期（50 岁以后）	完善与失望	收获智慧与满足	失望、厌倦与悔恨

（三）团体动力学理论与个体心理发展

班级团体作为班级个体的环境因素，会对以班级为单位的教育教学个体的心理和行为产生一定的影响，这种影响就是团体动力。心理健康教育教学活动的开展，需要借助班级团体动力进行具有一定方向性和目的性的教育与引导。如辅导员新建班级团体时可以运用团体动力来增强团体凝聚力，授课教师可以使用团体动力技巧来营造良好的课堂气氛。班级经营和授课过程中可以借助团体动力来影响学生的思想和行为方向。一个精心设计的团体辅导方案可以针对团体成员的普遍需求，在明确的规则要求和约束下，激活团体思维，凝心聚力地集中思考解决方案和策略，潜移默化地使团体成员找到适合自己的问题解决方法，达到整体心理健康素质提升的效果。

（四）群体心理学理论与个体心理发展

学生的心理健康教育，还需要辅导员的协助。班集体建设作为辅导员的中心工作，同时也是群体心理学理论应用的范畴。班集体的初步建设到巩固成熟是连续的、动态的教育培养与社会化的过程。辅导员在班集体建设过程中穿插对学生的心理健康教育，以班级活动和日常管理工作为载体，进行集体心理健康教育，寓心育于班集体建设之中，能够做到日常教育与专业心理健康教育的有机融合和相互促进。辅导员可以以学生的成长需求为出发点，以学习困扰、宿舍人际关系、自我意识和亲密关系等主题展开专题教育，既能体现“以人的发展为本”的教育理念，又能达到通过学生参与、体验和分享等主动性活动，实现促进个体心理发展的目的。

第二节　大学生心理健康教育改革的模式创新

随着社会经济的发展与教育改革的不断深入，大学生的心理健康问题逐渐受到各高校的密切关注。在素质教育背景下，高校要对大学生心理健康教育模式进行改革与创新，这样才能提高高校心理健康教育的质量与效果，满足大学生心理发展的需求，并为社会培养更多的高素质人才。

一、当前大学生心理健康教育模式的现状

（一）心理健康教育核心要素的逻辑关系并不明确

局限于校内的班级、宿舍等小单元的心理健康教育，与家庭、社会相脱节，割裂了心理健康教育的多元化、多样性影响因素，使得大学生心理健康教育的效果大打折扣。这种封闭和独立不仅不利于学生整体心理健康素质的提升，还无法实现家庭、学校和社会资源的有效整合，白白浪费有利资源。而心理健康教育的思路应该是从其核心影响要素入手，使学生了解自身心理健康素质的短板、优势，引导学生思考如何克服短板、如何发扬优势，以及如何发挥自身及环境中的有利因素（图 4－1）。

心理健康素质的核心影响因素是情绪、人际关系和自我意识，其中的逻

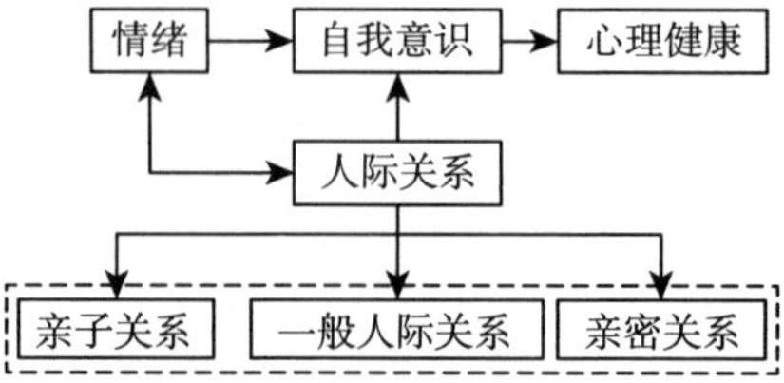

图 4-1　个体心理健康的核心影响因素及逻辑关系

辑关系较为复杂，存在多重中介和调节的相互作用。自我意识水平是个体心理健康的基础要素，情绪和人际关系都可以通过自我意识对心理健康产生影响；情绪和人际关系之间存在相互影响的关系，人际关系通过情绪和自我意识两个通道对心理健康产生影响，情绪也可以通过人际关系和自我意识两个途径影响心理健康。人际关系可以分为三种，分别是亲子关系、一般人际关系和亲密关系。对于大学生来说，亲子关系主要是指与原生家庭成员的关系；一般人际关系主要涉及舍友、同学、朋友、老师等，而亲密关系则可以理解为关系比较密切的闺密、知己和恋人关系等。所以，理清各影响要素的逻辑关系，对各要素分别进行科学合理的干预设计，才是提升大学生心理健康素质的正确途径和逻辑。

（二）心理健康教育课程教学状况

当前，我国高校心理健康教育课程的大体教学情况，是在一定的政策保障和要求下，形成了一门必修课、多门选修课的基本全覆盖态势，课程的要求和标准基本得到明确。但与国外心理健康教育课程相比还有较大差异，课程教学的理论基础相对薄弱，多位框架式的课程建构在细节性的指导上还有较大的提升空间。

1. 形成了一门必修课，多门选修课的课程基本全覆盖势态

2011 年教育部出台了《普通高等学校学生心理健康教育课程教学基本要求》，规定将心理健康教育课程以必修课形式纳入教育体系中。2016 年国家卫生与计划生育委员会、教育部联合印发的《关于加强心理健康服务的指导意见》中，也强调了将心理健康教育课程作为提升大学生心理健康素质的重要手段。大学生心理健康教育课程已是当前我国高校开展心理健康教育的重要载体和主渠道，其开设形式主要有必修课和选修课两种。具体实施要求有两种：一种是在各年级大学生群体中全面开设相关课程教育；另一种是针对大一新生开设必修课，其他年级的学生开设选修课。另外，还可以增设其

他与心理健康相关的选修课程等。这一要求和做法极大地促进了心理健康教育走向大学必修课课堂的发展步伐，使国内高校基本都设立了大学生心理健康教育的必修课程和选修课程。

国外“公民教育”中早已包含了心理健康教育的内容。英国的学校课程围绕自我、关系、社会和环境 4 个领域开展，并在这 4 个领域的具体要求和内容上，做了一些心理健康方的相关要求。新加坡在 1999 年颁布的《公民与道德教育课程标准》中明确要求教材的内容要涵盖心理健康内容。美国则通过开设涉及心理学领域的“社会研究”综合性课程来完成贯穿于幼儿园到 12 年级的整个学校教育。

2. 课程要求基本明确，与国外差异较大

课程目标上，美国高校将解决和预防各种心理问题作为课程目标，注重学生心理素质的提高与促进，突出强调发展性目标。我国心理健康教育课程的基础性目标则是立足于学生学习，期望通过课程教育，使学生能够自主评估其心理健康状况，具有一定的自我调节的能力并形成积极的心理保健意识。这是其他更高目标的基础，也是教育效果易评估和教育过程易操作的部分。

课程内容上，美国高校心理健康课程涵盖了心理治疗、职业指导、生活辅导、学习辅导等内容。如健康心理学、变态心理学、人类性行为、衰老和死亡等内容都是美国普渡大学心理健康课程的主要内容。我国通过将积极心理学的培养内容纳入到心理健康教育课程中，将课程内容扩展到自我意识、情绪管理、人际交往和生活规划四个方面。

教学方法上，心理发展特点是欧美心理健康课程教学方法设计的重要依据。如针对低年级学生的学习氛围建设，教学设计以游戏和活动为主；针对二、三年级学生的个人素养及品格提升，则进行体验为主的教学设计；针对高年级学生的更高要求，则除了以调适和体验为主的教学方法外，结合课堂内外、教育指导及咨询与服务的方式进行课程方法设计。如一些学校以主题研讨会的形式，通过讨论分享来解决学生中存在或易于出现的一些问题。

3. 改革的理论基础较弱，多为框架式的建构，较少细节性的指导

国内的心理健康教育改革多呈现框架式、层次式的粗放性特点，对改革的具体操作稍弱。如教学方法主要以知识讲授为主，并未全面灵活地使用多种教学方法来进行课堂授课。目前，我国心理健康教育仍然存在教育内容缺乏时代特色、教育形式单一、学生参与度低、教材质量不高、教师专业化水平有待提高等的问题。究其原因，往往是改革设计缺乏一定的理论基础造成

的，如方案设计并未考虑教育学和心理学理论，或并未参考不同类型不同阶段学生的需求与特点等。

二、大学生心理健康教育模式的创新途径

（一）树立正确的心理健康教育理念

虽然大部分高校的心理健康教育工作不再以心理健康障碍或其他心理状况群体为研究对象和工作对象，而是以发展性、预防性和普及性教育为主要工作内容。然而，大学生心理健康教育的理念并未深入高校管理者和工作者的观念之中。心理健康教育的课程也大都和其他专业课程一样，自教学目标到教学评价，并未体现出多大的差异性。这使得大学生心理健康教育的模式缺乏系统性、创新性，尤其是科学性。其实，大学生心理健康教育的理念各有千秋，其建构的角度也有很多。各高校和心理健康教育工作者可以从各自适合的具体角度，建设适合的心理健康教育理念，只要该理念是系统、科学的，逻辑明显、可操作性强，都可以起到很好的心理健康教育的效果。

如以积极心理学理论或心理发展观理论为指导，以发展的视角，重视对全体学生的心理健康知识普及与宣传，通过课堂教学，发展性心理健康教育活动和心理健康教育机构开展的预防性、普及性及干预性教育模式，使学生了解并掌握自身的心理特点与心理发展规律。以团体动力学和群体心理学理论为指导，充分发挥团体环境对个体的动力影响，建构出宿舍、班级和某个具体而普遍存在的心理特质从而提升团体的教育模式；以行为主义心理学为指导的行为矫正和完善教育模式；以人本主义心理学理论为指导的以学生为中心的，以充分发挥学生能动性为目的的心理健康教育教学改革模式等。

（二）建立科学的心理健康教育课程体系

高校开展心理健康教育课程的目的是向大学生传授心理健康知识，同时为大学生提供良好的心理健康指导，并提升他们的自我认知。当代大学生在学习、择业就业、人际交往等方面承受着很大压力，所以高校应开设针对性较强、多层次的心理健康教育课程。在课程教学内容上，高校心理健康教育不能局限于教材，还要引入课外实践活动，分调动大学生学习心理健康知识的兴趣与热情。

1. 课程设置

要采取必修课与选修课相结合的方式，既要加强心理健康理论知识教

育，又要重视专门的心理训练与辅导。在实际的课堂教学过程中，教师要注意增强心理健康教育活动的有效性与趣味性，比如采用案例式教学、讨论式教学、情境式教学等方式，引导大学生主动探究心理健康问题，强化自我反思与自我心理调节，及时发现与解决自己存在的心理问题，并挖掘自身的创新能力（图 4－2）。

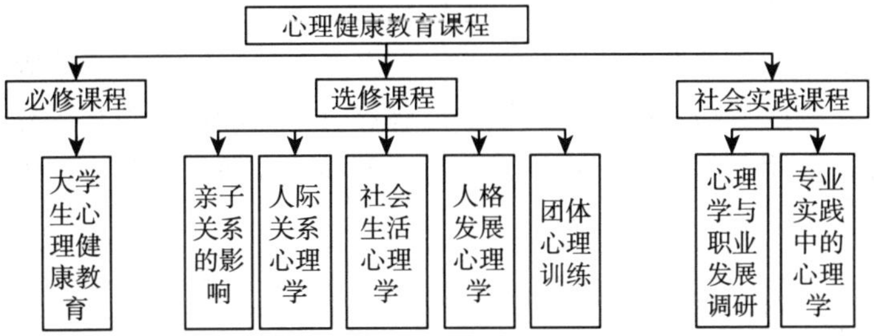

图 4－2 大学生心理健康教育课程体系设置

2. 教学目标

知识目标、技能目标和能力目标的层次性目标设定是普遍的教学目标设定方法，但在实际操作和评价中往往以知识目标为主进行授课，这与教学目标设定的初衷严重不符。所以，在方案设计中应弱化知识性目标，强化技能和能力目标，引导学生在授课过程中自我总结知识进行学习和分享；课堂授课应以技能操作和能力培养为主，指导学生学习相应的技能（如情绪管理技能、学业规划方法、人际交往技能），并用课下课程监督的方式要求学生在日常生活中加以使用，从而完成能力目标（图 4－3）。

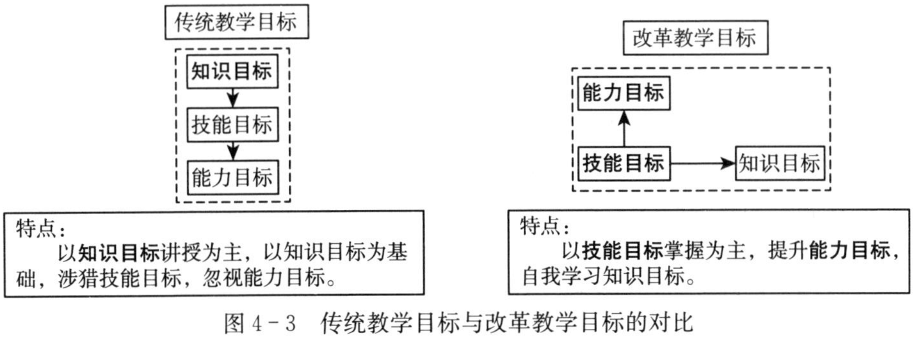

图 4－3 传统教学目标与改革教学目标的对比

3. 教学内容与手段

结合教材的通俗特点提升教学内容的专业程度，根据学生需求确定教学内容。针对原先教学内容较为单一、缺乏时代性和深度、与学生现实生活结合度低的情况，增加时代内容和专业内容（如疫情心理分析、刑事案件背后的心理因素、影视作品的心理学体现等），结合不同年级学生的现实需求（如环境适应、学业规划、人际关系等）进行分析与讨论，使教学内容范围更广、实效性更强、专业性更深。

针对当前课堂教学知识讲授为主的特点，增加讨论法、体验法、表达分享法、思维导图法、游戏法、绘画法、现场演示法、案例分析法等多样化的教学方法，和以教师指导为主、学生体验和分享为辅、课内和课外课堂融合的教学方式，使课堂授课方式和方法具有多样、灵活、活跃、积极和主动的特点（图4-4）。

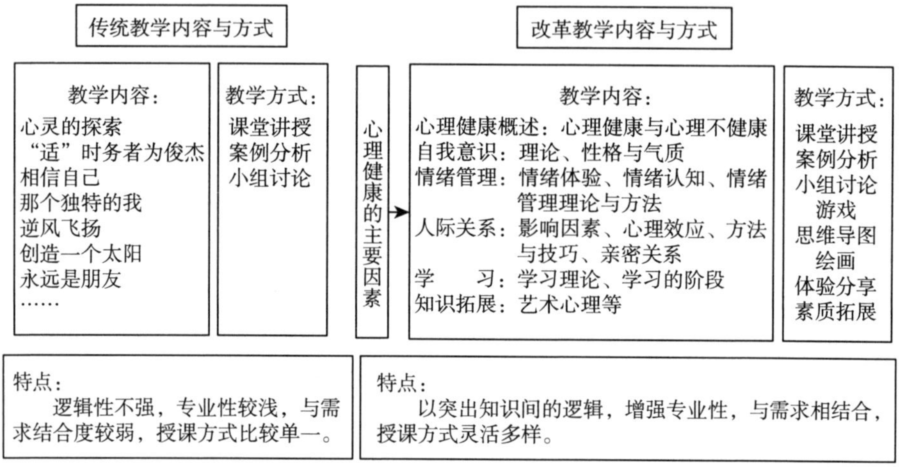

图4-4　传统教学与改革教学内容与方式的对比

4. 教学评价

针对传统“考试+过程性考核”的外在教学评价方式无法准确测量和评价“个人心理健康水平”这一内在素质的特点，应在保留一定考试方式（如对测量知识的掌握）的基础上，将过程性考核的内容进一步内化，将心理测验、课堂分析、分享深度、教师与学生的他人评价等方式放入过程性考核中，且增强内化后的过程性考核比例。

5. 教育实践

举办有关心理健康的专题讲座、开展心理知识竞赛等，使大学生认识到心理健康教育的重要性与必要性，对心理异常现象进行有效识别，找到自我排解与保持心理健康的方法，并与他人分享经验与心得，从而形成良好的心理品质。在此过程中，教师要与大学生建立良好的互动关系，通过对话、暗示、沟通等来对大学生进行情感教育，帮助他们释放心理压力，促使他们产生良好的心理活动。

（三）加强大学生心理健康教育团队建设

心理健康教育是一种专业性强，相对复杂的工作，需要一支高素质、业务能力较强的优秀队伍。高校通过培养心理健康教育队伍，能够推动心理健康教育活动的顺利进行。高校教师是实施心理健康教育的重要责任人，直接影响着心理治疗、心理咨询等方面的质量与效果。高校应结合实际情况，加强对专兼职教师的培训工作，还要利用校外教育资源，加强专兼职教师与校外专业心理咨询机构、校外专家学者之间的学术交流与合作，提高教师的职业素质与专业技术水平，使他们能够为大学生提供专业的心理指导；充分发挥辅导员的优势，定期组织他们参加有关心理健康教育的培训，使他们掌握必要的沟通方法与技巧，时刻关注大学生的心理动态，对大学生存在的心理问题进行及时排解，从而提供更好的心理咨询服务；重视引进在心理健康教育领域有突出成绩的优秀人才，为心理健康教育指导注入活力。之外，高校要成立学生骨干队伍。选拔具有较强责任心、热衷心理咨询与心理科学的学生担任心理咨询员，再以培训、讲座、心理辅导课等形式来掌握必要的心理知识，提高他们的心理调节能力与人际交往能力。如某高校的心理健康教育团队建设规划如图 4－5 所示。

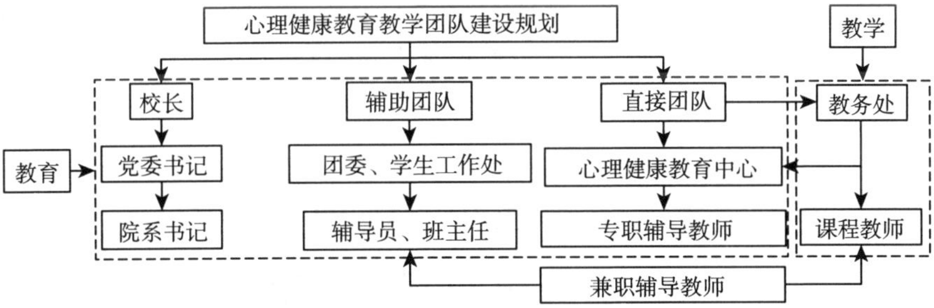

图 4－5　心理健康教育团队建设规划举例

（四）完善网络心理健康教育体系

网络心理健康教育是心理健康教育的重要形式。高校应建立立体化、多渠道的网络心理健康教育平台，为学生提供通畅的网络心理健康教育服务，帮助学生了解心理健康教育的动态和前沿知识，实现网络科普知识宣传、网络咨询、网络活动组织、网络心理测试、网络心理话题分享等的功能，建立完善的网络心理健康教育体系。如某高校的网络心理健康教育体系建设模式如图 4－6 所示。

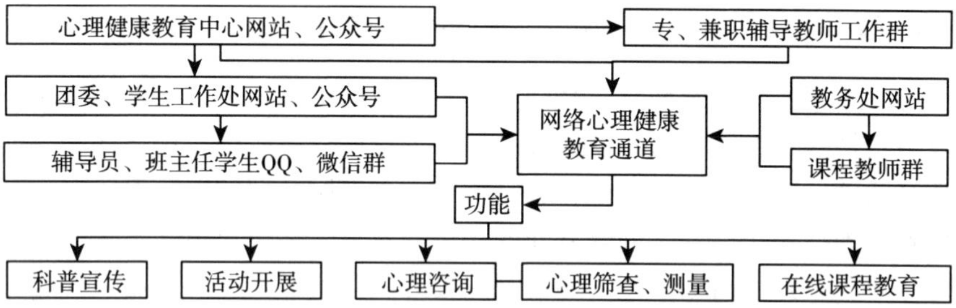

图 4－6　网络心理健康教育体系建设模式举例

（五）深入开展心理健康问题调查研究工作

对心理健康教育工作进行关注，对心理健康问题进行调查研究，是了解学生心理健康问题的主要方法。心理健康教育工作者要把握心理健康教育工作规律，应用科学的心理健康教育理论，针对学生实际开展专门的调查和研究工作。针对调查结果，制定有目的、有计划的心理健康教育工作方案，以加强工作的实效性和工作质量与水平。

如，高校学生心理问题普查可采取心理问卷的形式，对大学生的入学适应、学习、学业及生涯规划、人际关系、情绪调控等问题进行调查，通过对大学生心理健康数据的收集、筛选、整理和分析，掌握大学生心理健康状况；通过建立心理档案，便于对学生心理健康状况进行评估和专业的心理治疗与干预。

第三节　大学生心理健康教育改革的方法创新

一、团体干预

（一）成长团体干预

成长团体干预又称团体辅导、小组辅导、集体或群体咨询等，是团体情境下的一种心理辅导形式。成长团体干预是以团体为对象，运用恰当的策略与方法，使个体在团体互动的过程中，通过观察、学习、体验，做到认识自我、探讨自我、接纳自我，并调整和改善人际关系，学习新行为，从而增强适应能力的过程。

团体干预以群体动力学理论、社会学习理论、人际沟通理论、相互作用理论、理性情绪理论及人本主义理论等作为理论基础。团体建立、团体工作和团体结束是团体干预的三个阶段。团体干预的方案根据干预主题由团体领导者自行设计，以力求完成干预的目的。团体规模主要取决于团体干预的目标，人数在5～30人之间。

团体干预在提高个体的人际交往能力、提高自闭症儿童的社会能力、提高学生的自信心、改善儿童的同伴关系、改善学业不良等心理健康素质提升方面都取得了显著的效果。

（二）班级团体干预

班级团体干预是团体干预的一种，团体干预的对象一般是经过筛查出的问题学生，当以全班学生为干预对象。在自然班级中进行团体干预时则被称为班级团体干预。

班级团体干预是以全班学生（40人左右）为对象，通过运用适当的干预策略和方法激发团体互动，以帮助学生重新评估自我思想、情感和行为，调整自我状态与认知，旨在增进应变能力，预防和解决问题并激发潜能的过程。

班级团体干预通过提供真实性情境，提供多重反馈引发团体动力，产生示范作用，增强自我肯定，且具有经济性的特点。常用的干预技术主要有：专注、倾听、重述、具体、发问、引导、同理心、支持、面质、自我开放等。台湾学者李坤崇（2010）结合Corey（1995）和Gladding（1995）的观点将班级团体干预的发展分为6个阶段：准备阶段、形成（定向与探索）阶段、转换（处理抗拒）阶段、工作（凝聚力与效能）阶段、结束（巩固与终结）阶段与追踪（追踪观察与评价）阶段。

班级团体干预能提升自我接纳水平、增强自尊与自信心，促进深入的自我了解；澄清并调整价值观、认知与信念；提高个体对他人需求与情感的感知敏感性，学会信任他人；培养有效的社会技巧；增强合作意识，共同寻求问题解决、化解冲突的策略等。

（三）团体干预的主要技术

团体干预的技术有很多，以培养行为技能为主的技术主要有：榜样示范、角色扮演、心理剧、行为契约及行为演练和练习、社会性强化和家庭作业等。以培养认知和情绪情感技能为主的技术主要有：移情、言语指导、合理情绪疗法、压力指导训练、自我指导训练和体验等。

1. 行为技能技术

在行为技能技术中，按照其理论基础不同，分为基于斯金纳操作性条件反射理论的技术和基于班杜拉社会学习理论的技术两种。基于操作性条件反射的技术主要有强化与反馈、家庭作业、行为契约及行为演练和练习等。基于社会学习理论的技术主要有榜样示范、角色扮演、心理剧等。

我国学者周宗奎（1993）对社会技能训练的单项技术进行了总结，主要有榜样示范、积极强化和指导与练习等。榜样示范是向干预对象呈现多个目标行为的榜样，使其发生观察学习的行为。积极强化与反馈是在适当行为出现后，立即用奖励或愉快事件来增加适当的行为出现的频率。指导与练习是用言语指导干预对象如何做，并进行行为练习与演练。

此外，经周宗奎（1993）总结的社会技能训练组合则是一种综合性的训练方法。该方法将各种单项技术和其他方法联合使用，开发出一些如言语指导、榜样示范、行为契约及行为演练和练习、反馈、社会性强化、角色扮演、心理剧和家庭作业等的综合技术。

社会技能技术能够根据是否具有某些技能来筛选出社会能力不良的个体，并对相应的技能制定干预策略。社会技能的干预能使个体学会相应的技能，但不能保证个体对这些技能的灵活使用，导致这些技能不能发挥其应有的作用。

2. 认知和情绪情感技能培养技术

合理情绪教育、压力预防训练、自我指导训练和情绪技能训练是主要的认知和情绪情感技能培育技术。以情绪认知理论为基础的合理情绪教育主要通过改变基本信念来改变不当行为。Naus（1974）以埃利斯合理情绪疗法为理论基础设计了合理情绪教育方案，即认知情绪情感，挑战不合理信念，挑战自卑，认知学习特点、犯错误和不完美，挑战绝对化要求等。压力预防训练通过理解问题情境、学习认知应对技能、应用认知应对技能三个步骤进行。另外，自我指导训练是一种通过自我陈述使认知和情感得以重建，并指导自己作出恰当行为的方法。情绪技能训练主要包括情绪情感理解能力、情感体验能力和情感表达能力、理解情感原因能力和情感反应能力训练等。

个体的行为、认知和情绪情感是相互制约、相互联系、难以分割的整体，在具体实践中很难将其明确地区分开来。如心理健康素质等的综合能力的培养，应综合运用认知、情绪和行为技能的培养方法，才能取得良好的干预效果。Caplan 和 Weissberg（1989）曾针对认知、情绪和行为制定了一个社会能力培养方案，共 17 次课程，3 个单元，在 421 名中学生中实施。为确保社会能力的持续和迁移，他们将方案作为课堂教学的一部分，取得了良好的效果。

二、游戏

旨在提升某一方面心理能力的游戏设计可以让学生在游戏中领悟心理知识，提升心理素质。游戏是人与人之间在设定的情境中所产生的一连串的交流与沟通。在幼儿教育中，游戏作为幼儿教学的基本方式早已被广泛应用，古今中外对幼儿游戏的研究也由来已久。大量的实践证明，游戏容易创造出积极、开放、和谐、自由、轻松的课堂气氛，有利于学生心理问题的真实呈现和解决。

（一）游戏理论

1. 弗洛伊德“保护补偿学说”

游戏可以释放个体现实中因自身年龄或发展阶段受限而无法实现的愿望，或由此所产生的焦虑和不满足感，是对被压抑欲望的补偿。如女孩的“过家家”“换装”等游戏和男孩的“战争”“对抗”等竞争或暴力游戏等。

2. 皮亚杰“认知动力学说”

皮亚杰认为游戏是适应外界事物时产生的一种安全检验自我新行为模式的活动。游戏者可以用比较安全的方式在假定的情境中尝试和练习新的行为方式，并通过尝试行为不断去修正和完善自己的活动和行为方向，从而获得需求和欲望的满足。故游戏是个体认知环境和自我的动力源泉。

3. 维果茨基“游戏学说”

象征性游戏和角色游戏是游戏学说的重点分析对象。维果茨基认为用与人们社会生活角色极其类似的游戏可以反映现实的社会关系，从而学习和掌握相应的社会技能。

4. 马斯洛“人本主义思想”

游戏能帮助人们解决现实生活中不能解决的内心冲突与社会冲突，让人们从游戏中获得成就感和价值感，从而满足自我实现的需要。通过积极的游戏辅导，可以强调人本主义思想提倡积极关注心理健康、人格健全这一类人群自我实现的需求。因此，可以说以马斯洛、罗杰斯等为代表的人本主义思想促进了心理辅导从关注“治疗”走向关注“预防”，从而使得在崇尚发展性、预防性心理健康教育理念的今天，游戏辅导开始大展头角。

5. 韦特海默“格式塔心理学思想”

心理咨询与治疗的经验发现，很多情况下，个体心理问题的产生是因为经历事件的未完结造成的。因为个体总处于未完结事件中，情绪并未得到释放，心理上并未与该事件进行告别，才导致心理问题的产生。那么，应用游戏方式，帮助个体实现与未完结事件的告别，使其实现心理上的整体性，以达到心理的平衡，就可达到治疗效果。

（二）游戏的特性

1. 趣味性与灵活性并存

游戏的趣味性可以跳出枯燥的理论知识学习，在愉快的游戏中收获愉悦的身心和知识的领悟；可以在游戏过程中充分放松和表现。游戏的设计可以随教学目标进行合理的变化。如在心理健康教育课程的教学中，可以根据教学目的随意设计游戏形式、游戏时间和游戏规则等。例如“信息传递”游戏中：10 名学生站成一行，用行为传递一个动作信息，信息内容可以按照教学内容和实际情况进行调整，传递的感觉通道也可以随时增加或减少，以适应不同的目的。

2. 现实性与虚构性兼具

在心理健康教育课程中的游戏多以小团体为组织形式，学生在与团体其他成员交流和沟通时，能产生人际交往的社会互动形态。在这一游戏过程中，成员间会体验到为了共同目标、规则或契约而形成的协同与配合。且更重要的是，在配合协同的互动过程中，产生的情感体验和信任感。因此，游戏其实也是一种现实的社会体验。而在心理健康教育课程中采用的游戏方法，侧重于运用其虚拟性和趣味性将教学活动的目标内隐化。在游戏设计中，往往采用假想情境来反映真实生活事件，所以，游戏又具有明显的虚构性，其道具、角色、情节、行为等往往都具有象征性。而恰恰是这个特点，使学生可以抛弃原来的生活角色，无论学习成绩如何，家境如何，长相如何，都无碍于学生在游戏中展现自己，因而游戏的虚构性能使学生主动地摘下“面具”，放下戒备心。

（三）游戏类型

1. 根据游戏对象的组织可以分为单独游戏和团体游戏

单独游戏是个体独自参加、独立完成，游戏结果不受他人影响、与他人无关的游戏。这类游戏在心理健康教育课程中经常使用，课堂授课中针对学生自我反思与自我成长的，进行个体心理感悟与心理分享的都属于这种类型。例如：“我的自画像”“撕纸”“名字的故事”“我的绘画”“我的曼陀罗作品”等。但从总体上来看，针对多人参加的团体游戏设计还是多数，如针对人际沟通、自我意识、职业规划等内容设计的团体游戏等。

2. 根据游戏目标可以分为暖身游戏、人际互动游戏、潜能开发游戏和自我探索游戏等

活跃气氛、调动学生参与积极性的暖身游戏用时较短，大致为5～10分钟，操作方便，道具较少。人际互动游戏主要以合作游戏为主，可以促进人际接纳、人际信任、人际沟通和人际协作。潜能开发游戏主要通过创设系列看似无法完成的问题情境，让学生尝试一些未曾做过的事情，可以帮助在解决问题的过程中开发潜能，如“方寸之间团体站立游戏”“团体搭桥游戏”等。自我探索游戏是让学生在游戏中增进自我认识，学会自我接纳，并树立正确的自我观念，如“优点大轰炸”“我是谁”“赞美你”等游戏。

游戏设计案例举例：

社会能力提升团体游戏设计（节选）

暖身游戏

活动1：名字的故事
目的：让成员之间互相了解，尝试表达想法、倾听他人、互相接纳
时间：约20分钟
操作：
（1）教师：“我们每个人都是独特的，就像我们每个人都有自己独特

的名字。下面我们可以在小组内分享自己名字的故事，说一说父母为什么会给你起这个名字；你自己对这个名字有什么理解；对这个名字满意吗；如果可以自己给自己起名字的话，你希望别人叫你什么……"

(2) 每人3分钟左右，组长控制时间。

(3) 班内分享名字的故事。

引导讨论：从你自己名字的认识和满意程度中你看到了什么？

人际互动游戏

活动2：情绪好好表

目的：训练情绪表达技巧

时间：45分钟

材料：事先让学生准备情景剧和相关道具进行排练

操作：

(1) 一位女同学身穿一件红底黄花的上衣，绿底紫花的裤子，脚上一双黄皮鞋，走过来问几位同学："我这么穿漂亮吗?"

同学甲（表情满脸堆笑，口气阿谀奉承）："瞧你多漂亮，多会打扮呀！挺别致的。"

同学甲转过脸就笑话她："瞧她那样子，难看死了！"

同学乙（表情不屑，口气讽刺挖苦）："丑死了，至少得去掉3种颜色，要不人家还以为花大姐来了呢！赶快换了！"

同学丙（表情坦荡，认真）："裤子、衣服、鞋子，每一件单独穿都很好看，但凑在一起就显得有点乱了，能不能把裤子和鞋子换成素色的，或把上衣和鞋换成素色的，这样可能更好一些。"

(2) 讨论：3个人表达情绪的方式哪一个更好一些？为什么？

(3) 教师总结：

甲没能当面如实表达自己的情绪，而这种情绪又通过其他途径表达出来，在背后说人坏话。这种情绪表达方式时间长了会让人觉得他很虚伪，不利于与人交往。

乙如实表达了自己的情绪，但态度是讽刺挖苦的，令人难以接受，易得罪人。如果评论的是对方的优点，这种直言相告没有什么问题。但如果说的是别人的缺点则不然，因为别人能从其态度上感受到她没有一颗为别人好的心，只为自己嘴痛快，不在乎别人的感情，会被认为是刻薄。

丙真实地表达了自己的情绪，又顾及了他人的情绪。能够让别人体会到为别人好的心，这种方式使别人愿意接受。

（4）情绪表达技巧大讨论。

（5）教师点评清晰表达的注意点。

（6）练习。

（7）让学生互相谈感受，对方的哪些言语、表情、行为让你感觉到了他真诚的情绪，哪些让你感觉不舒服，怎样不舒服。还可以谈哪种情况自己表达起来比较容易，哪种情况比较困难等等。

潜能开发游戏

活动3：盲人摸号

目的：让学生明白非语言表达的重要性

材料：眼罩、写好号码的小纸条、计时器

时间：30分钟

操作：

（1）游戏分组进行，让参与的小组成员全部带上眼罩。

（2）给每位小组成员发一个号，这个号只有本人知道。

（3）让小组成员根据给出的号数，按从小到大的顺序排成一条直线。

（4）全过程不能说话，只要有人说话或脱下眼罩，即宣布该组活动失败。

（5）评出完成最快的小组。

引导讨论：

（1）你是用什么方式通知小组成员你的位置和号数的？

（2）沟通中都遇到了什么问题，你是怎么解决这些问题的？

（3）你觉得还有什么更好的方法？

自我探索游戏

活动4：戴高帽

目的：体验和接受别人的赞美，学会赞美别人

材料：几个纸做的帽子

操作：

（1）请一位同学坐（站）在教室前面，戴上高帽，请几位同学轮流说出他的优点及令人欣赏之处（如相貌、处事、性格等），被称赞的同学说出哪些优点是自己以前觉察的，哪些是不知道的。

（2）每组找出一位同学戴上高帽，其他组内成员模仿前面的操作进行，全组成员说完一个人的优点后，换另一个人体验，直到全组做完。

（3）在说他人优点时，态度要真诚，努力去发现他人的长处，不能毫无根据地吹捧。接受赞扬者要真诚地体验和接受赞扬，不要怀疑自己。

引导讨论：

（1）在听到别人的赞扬，特别是自己没有想到的赞扬时感受如何？

（2）真诚地称赞别人时感觉如何？

（3）是否发现自己和他人都有许多可以肯定的地方？人与人之间是否在很多方面可以相互接纳？

三、共情法

专业上有着神入、同理心、同感、投情等众多名称的共情，其实就是我们生活中所说的“设身处地”“感同身受”和“换位思考”能力。高的共情能力会产生更好的心理认同和情感共振，这可以帮助促进人与人之间的情感交流和信息传递。大学生心理健康教育课堂，更需要教师和学生通畅的信息交流和更深入的情感共振。

因为心理健康是一种能力，心理健康教育课程就是一门能力提升课程，能力提升既需要较高的意识水平，还需要较强的情感体验能力，这就需要共情的参与。因此，以了解大学生的心理冲突和特点为前提，在教学中用充满情感的语言，引导学生体验“感同身受”和“设身处地”，把他们带入预定的、包含情感的内心世界，有利于深入分析心理健康的影响因素，体会和操作提升心理健康水平的方法和技巧。如在后面进行的“笑容可掬”团体训练中，引导学生体会“共情”，利用共情理解人际互动和微笑的重要性，增强学生的共情能力。

共情团体训练举例：

笑容可掬

目的：让学生了解人际互动和微笑的重要性，增进彼此之间的感情

时间：20 分钟

操作：

（1）让所有学生站成两排，两两相对。

（2）各排从队首开始，相对的两人相互鞠躬，身体弯到90度，大声喊："××同学，你好！"

（3）两个人走到队伍中间，再次相互鞠躬大声喊对方名字一次。

（4）鞠躬者与其余成员均不能笑，笑出声的就要排到对方队伍的末尾。

（5）活动进行一轮或两轮后，两队人数多的获胜。

引导讨论：在人际交往中，要想获得别人的笑容，首先要绽放自己的笑容。在生活中如果不想让别人对你绷着脸，最好先对别人绽放笑容。

在课堂讲授环节的设计中，也可以通过共情引导学生学会"换位思考"和"设身处地"地思考和理解知识和理论，加深对知识的掌握。如下面是教师在讲解"情绪的产生原因"这一理论知识时，运用共情法引导学生深入分析，进行自我总结的案例：

下面，老师将为大家讲一个故事，在讲故事之前，请大家跟着老师的话语开始回忆："初一时，你还是一个青涩的小女（男）孩。你很听老师的话，每天放学做的第一件事情就是写作业。你很认真地对待老师布置的每一次作业。有一天，老师布置了文化课程的作业外，还要求你们用纸折一艘船。你很开心，因为你最喜欢做手工了。于是，回到家，你很认真地查找纸船的折叠方法，反复做着这个手工。在几次失败后，终于获得了一艘比较满意的纸船。你细心地把它放在床头，准备明天带去学校。

第二天，你小心翼翼地托着纸船，走在上学的路上。经过一个公园旁边时，你发现在草坪旁边的长椅下有一张50元钱。你很开心，将纸船放在了长椅上，弯腰要去捡这50元钱。就在此时，旁边来了一个人，恰好坐在了你的纸船上。请问，此时，你产生了什么情绪？"

老师针对学生反应的具体情绪进行归类，并引导学生分析不同情绪背后的深层原因，发现：不同的同学针对同一件事情产生了不同的情绪。

故事继续："你带着产生的情绪，直起身来想和他理论一番。然而，你一抬头，却发现对方是一个盲人。请问，此时，你的情绪发生了怎样的变化？"

老师再次引导学生具体分析情绪变化背后的深层原因，发现同一个人针对同一件事情会产生不同的情绪。

继续引导学生分析情绪产生背后的原因，可以得出结论：情绪产生的直接原因不是发生的客观事件，而是人们对客观事件的解释、看法和评价（即认知）。

四、思维导图法

思维导图或心智导图（The Mind Map），是专门用于训练和表达发散性思维的一种实用而有效的工具，已经在家庭教育和学校教育中被广泛使用。

实际上，思维导图是一种图文并重的运用技巧，通过把不同级别的主题隶属和相关关系用层级图的形式体现出来，以使大脑与其所包含内容的关键词、图像、颜色等建立记忆链接，从而便于大脑更好地完成记忆和理解。这是一种左右脑联合协作的工作，符合人类记忆、阅读、思维的规律，能开发大脑的潜能，具有人类思维的强大功能。思维导图法有形象化、逻辑性、多样化和广泛性的特点。思维导图法的形象化特点非常明显，其图文并茂的运用技巧和层级关系的体现能够融合文字、图像、颜色等内容，使大脑综合利用文字记忆、图像记忆、色彩记忆和逻辑思维等多种方式，更能够加深大脑对知识和内容的学习和记忆；思维导图的逻辑性体现在层级关系的体现和每层关键内容的选择、思考和呈现上。每一幅思维导图都是作者对所学内容的精炼、选拔、思考和深加工，每一幅思维导图都包含了丰富的知识内容和逻辑关系；思维导图的呈现形式丰富多样，不拘泥于单一而枯燥的外形，只要能完成知识的逻辑体现，任何形式都是可以的。另外，思维导图的应用极其广泛，几乎在所有学科中都能使用（图 4－7）。

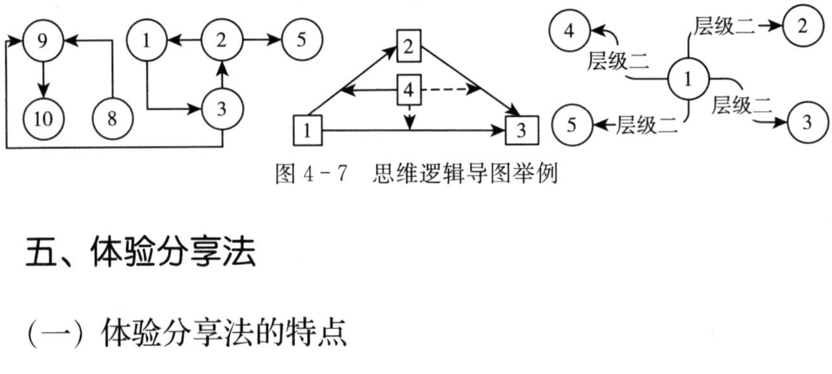

图 4－7　思维逻辑导图举例

五、体验分享法

（一）体验分享法的特点

“领悟”“体会”“设身处地”等都是体验分享法的心理感受含义，而“实行”“实践”等内容都是体验分享法的实践含义。即体验分享法是个体结合自身观念和已有认识等心理图式内容，对教学内容进行吸收、内化、加工、再造和分享的过程。在体验和分享的过程中，会表现出一些特点。

体验者主体的主动参与和注重此时此地的感受是比较明显的特点之一。体验者主体的主动参与是体验法实现的前提基础，因为没有体验主体的主动自愿和自觉参与，体验根本无法产生。所以，在教学实践中使用体验法是学生主体性的体现，也表现了以学生为中心的思想；体验法虽然需要结合原有的观念和图式，但在体验的当时强调的却是此时此刻，突出的是新知识和新活动的学习、参加和加工。即体验法是带着原有的知识、观念和经验来感受现在，来觉察和判断新知识、新观念和新经验对当前问题的适用性。故此，体验分享本身就是一种促使知识和经验转化的行为。

另外，体验分享法也有很强的实践性、过程性和理智性。体验和分享本身就是实践，强调在“做中学”；体验分享法既强调过程也重视结果，但对过程的重视更突出，特别强调在体验和分享过程中每个环节的学习；体验分享法是在情绪感受之上的理性判断，在体验基础之上的理性判断更易被学习者内化，建构成自己的知识体系。这与头脑学习过程相对应和相区别。如传统的教育教学强调头脑式的学习，特别关注知识的积累、单纯的理性分析和判断，而体验分享法则在此基础上增加了情绪感受、色彩图像等内容，使得情绪之上的理性判断更让人记忆深刻。

（二）体验分享法的类型

在教育教学过程中使用体验分享法可以收获特别的效果。大学生心理健康教育课程的内容都是涉及内心经验和新理论新体验的。先对新知识和新体验进行重构和加工创新，再用分享过程来梳理和反馈重构和加工过程，能够切实提升大学生心理健康教育课程的授课效果。

如“情绪产生原因”的设身处地地体验，能助学生真实体验到自己和他人在“纸船”事件中情绪的变化及情绪产生变化的直接因素，从而顺理成章地引发思考，得出情绪产生的直接原因在于认知的结果。类似的例子还有很多，可以分为操作型体验分享、思想型体验分享和单纯型体验分享。

1. 操作型体验分享法

操作型体验分享使学生切实体验某种心理健康提升的技巧，体验技巧使用过程中各主客体的心理变化。如在人际关系模块的讲授中，教给学生“赞美”的技巧，强调要想达到赞美的效果，让被赞美的对象体会到赞美的诚意，就需要确保赞美的真实性、具体性和真诚性。在课上可以设计体验分享环节，使学生去实践这一操作。

设计如下：

赞美游戏：按照赞美的真实性、具体性和真诚性原则，给小组的每位同学都写一句发自内心赞美的话，把同一个人的纸条收集起来，将所有赞美的纸条都赠送给这个同学。请同学们细心体验赞美的过程中赞美人和被赞美时的心理感受，并进行分享。

优点大轰炸（戴高帽）：请一位同学坐（站）在教室前面，戴上高帽，请几位同学轮流说出他的优点及令人欣赏之处（如相貌、处事、性格等），被称赞的同学说出哪些优点是自己以前觉察的，哪些是不知道的。每组找出一位同学戴上高帽，其他组内成员模仿前面的操作进行，全组成员说完一个人的优点后，换另一个人体验，直到全组做完。在说他人优点时，态度要真诚，努力去发现他人的长处，不能毫无根据的吹捧。接受赞扬者要真诚的体验和接受赞扬，不要怀疑自己。引导讨论：

（1）在听到别人的赞扬，特别是自己没有想到的赞扬时感受如何？（2）真诚的称赞别人时感觉如何？（3）是否发现自己和他人都有许多可以肯定的地方？人与人之间是否可以在很多地方可以相互接纳？

2. 思想型体验分享法

思想型体验分享法是针对某个理论在自身生活中的表现、体验和分享。如在自我意识水平对心理健康素质影响的模块中，会讲到自我意识的三层次理论，说明个体对自我的了解可以从生理自我、心理自我和社会自我的层面对自身进行客观、全面而准确的认识。首先让学生对自我进行评价。然后针对评价的内容，引导学生区分评价内容对应的层次。最后，引导学生思考对自我评价的某个层次特别突出或特别强调的原因，并最终在用三层次理论来指导自我意识的评价。当然，在每个环节中都穿插有分享过程。

3. 单纯型体验分享法

思想型体验分享法是专门针对心理健康咨询或治疗过程中使用的一些方法的体验，这些方法的操作比较简单，环节比较少，技术性较弱，适合在自身生活过程中使用。如放松疗法的体验，教师在课堂上可以教给学生放松疗法的简单操作要点和注意事项，使学生在课堂上完成体验，鼓励学生课下日常生活中练习和使用。常用的放松疗法体验有肌肉放松法和冥想放松法等。

冥想放松法体验操作：放音乐，同时配合指导语“我静静地俯卧在海滩上，周围没有其他的人；我感觉到了阳光温暖的照射，触到了身下的沙子，我全身感到无比的舒适；海风轻轻地吹来，带着一丝海腥味；波涛在轻轻地拍打着海岸，有节奏地唱着自己家的歌；我静静地躺着，静静地倾听这永恒的波涛声……”

（三）体验分享法的实施

体验分享法的具体操作环节包括体验情境的创设、观察反思、分享交流、总结提升和迁移应用5个环节。

体验情境的创设融合在教学设计的过程之中，可以理解为某项教学内容需要通过什么情境设计和方式使学生达到相应的效果。大学生心理健康教育课程的教学常用的体验分享活动有冥想放松、案例分析、心理测试、电影（视频）赏析、心理游戏、角色扮演、心理情景剧等，是设置某一种活动情境让学生参与其中，获得经验的过程。

观察反思是指学生在情境中感知、观察、体验、思考，这是一个内在发生的过程。教师引导学生在互动活动中，关注自己和他人的感受和体验，使学生把这一具体情境的体验性学习带入生活中的各种情境，从而学会观察生活、观察自己、观察他人，感受自己、感受他人、感受生活，使学生从生活中学习改变与成长。

分享交流是内心体验的表达，包括参与者参与前后的过程体验和团体交流过程的体验。分享交流既可以起到自我思维的梳理和总结作用，也可以实现信息交流和互动，可以锻炼学生的认知、思维和表达等方面的能力。

总结提升环节将学生的体验、觉察与认识上升到心理学理论的高度来重新理解和思考，分析其与理论内容的关联，完成知识的建构和新的体验。例如，学生在分享了用表情、动作进行交流时的感受后，总结出了“非语言是人的内心表达”“ 敏锐的观察可以增进人际交往”“语言表达可以直接交流，避免误解”等感受。学生自我总结、学生团体总结和教师总结是总结提升环节的3种常用方式。

迁移应用是指将获得的新体验和新知识应用在日常学习及生活中。即将所学到的心理学理论和方法进行实践验证，应用新知识和新体验对自我心理健康素质及生活状况的改变与提升。

附录

分享体验是心理健康教育活动课中重要的活动之一。这里所谓分享即在心理健康教育活动课上，师生之间、同学之间、小组之间相互倾听、相互学习、相互鼓励，共同进步、共同成长；体验可以是一些心得、一些快乐体会、一些学习经验。分享体验可以让学生有机会察看内心世界、变成习惯去思考；可以用情绪的、心理的、精神的、认知的或是社会的观点，去表达自己的想法和疑问。换句话说，分享体验一方面可以促进学生间的社群感，创造每一个人都“同在一起”的感觉，借此分享与表达不同的意见和感受，一方面可以发展口说语言的机会。因此，剖析分享体验的理论基础和实施方式，有助于此项活动在心理健康教育活动课中发挥更好的效果。

1. 教学分析
※教材分析 本课程选用的教材立足于应用型本科教育的需求，注重高素质应用型人才的培养和知识广度的拓展，符合护理学专业建设以及人才培养目标要求。本课程主要内容由心理学基础、病人心理护理和护士心理护理三大部分构成，共包涵护理心理学概述、心理学基础、心理应激与心身疾病、心理评估、心理干预、病人心理、心理护理、临床各类病人的心理护理和护理人员心理健康的维护与促进 9 章内容。整本教材以心理学在护理实践中的应用为主线，较全面地体现了心理学理论与技术在护理领域的运用，旨在通过心理护理促进病人早日康复、维护自身身心健康，培养优秀的护理人才。其中，心理学基础授课学时占本门课程授课总学时的 20%，病人心理护理的授课学时占本门课程授课总学时的 70%，护士心理护理占 10%。病人心理护理是整本教材的主体部分，也是重点内容。 **※教学内容** 本节课题内容选自教材第二章心理学基础的第二节情绪情感过程。本节课内容包括：情绪的产生原因和情绪的调控。其中，重点是：对情绪的产生原因的理解；难点是：情绪的调控方法（情绪 ABC 理论）及其应用。 **※学情分析** 本节课内容的学习是在了解心理学与护理学关系的基础上，掌握了心理现象的心理过程之认知过程的前提下，与认知过程并列的一个心理过程——情绪情感过程。“情绪”这一内容与生活的联系比较密切，对生活和护理关系的影响比较明显。因此在讲课的过程中，一定要以学生感兴趣的生活和问题引入课题，从护理实践中发生的例子创设情境，将学生引入到专业知识的学习中去。通过本节课的教学，帮助学生进一步加深理解、巩固对情绪的理解，掌握并应用情绪调控的方法。因此依据教学内容的需要，在引导学生进行自主学习的同时，知识内容的设计与安排贴近学生生活和护理专业应用的实际。同时，按照本科学生的培养要求，在授课过程中穿插思想与思维的学习，注重护理职业道德的培养，明确护理人员的社会责任与伦理规范，使学习与学生的生活经验、社会要求和护理实践相联系，达到知识和思想素质提升的目的。

※重、难点及突破方法

教学内容	突破重、难点采用的方法
教学重点： 情绪的产生及原因。	采用故事导入、情绪体验、情绪对比和启发及逻辑分析的方法，引导学生自主分析情绪产生原因，既增强课堂教学的趣味性，又培养了学生的逻辑思维和分析能力。
教学难点： 情绪调控的方法及其在生活和专业实践中的应用。	结合生活实际和专业实践案例启发学生思考和分析生活实践中情绪调控的方法，学会辨别护、患关系中的不合理信念。同时，培养护理职业道德，明确护理人员的社会责任与伦理规范，使学习与学生的生活经验、社会要求和护理实践相联系，达到知识掌握和思想素质提升的目的

2. 教学目标

※知识目标

深刻理解情绪的产生过程及原因、情绪 ABC 理论的基本观点；运用情绪 ABC 理论调控自我和护理关系中各主体的情绪。

※能力目标

能在自身经验和教师指导下分析和解决自身和护理关系中的情绪问题，并且通过联想、探索和逻辑分析，从真正意义上完成对知识的自我建构。

※素质目标

发挥学生学习的主体性和自主性，培养学生的情绪管理能力，增强学生的护理责任心和职业道德，明确护理人员的社会责任与伦理规范，让学生学会在将来的工作岗位中以高度的职业道德和责任心，踏踏实实工作，把课堂所学的专业知识真正用于实际的护理工作当中。

3. 教学思想

※真正“以学生为中心”，课堂教学中“学为主，教为辅”，让学生“积极思考”参与到教学中，实现学生“自主、合作、探究”，培养学生终身学习的思想和适合的学习方法。

※强调实践，用所学的专业知识，指导自己的生活实践，实现“知行合一”。

※“教书育人”，注重课堂思政渗透和育人功能，培养学生的职业道德和伦理规范，增强学生的社会责任感和主人翁意识。

※培养学生的科学素养，授课过程中穿插科学研究的严谨、务实科研作风和科研思维。

4. 教学方法

※教法

本节课采用情绪体验分享与对比法、案例分析法、任务驱动法和思维导图法等相结合的方式将知识点的内容进行体验、阐述、剖析、推介和应用，以达到强化内容主旨的目的。

（1）情绪体验分享与对比法

在讲授“情绪的产生过程及原因”这一内容时，由经过精心设计的小情景故事导入，随故事的发展引导学生进行情绪的体验、分享和对比，将教学内容融入到故事的发展过程之中，通过情绪的体验、分享和对比的方法，使学生们自然而然地体验到情绪的产生过程，从而分析出情绪产生的原因。同时，能够活跃课堂气氛，增强学生学习的主动性和趣味性。

（2）思维导图法

思维导图法是最能锻炼和体现逻辑的一种方法。在整个课程的讲授过程中，将思维导图的思想和方法贯穿其中，把书本上大量的文字内容转换成思维导图，使学生对讲授内容一目了然，同时体现出各个知识点之间的逻辑关系，这也是作为本科学生应该培养的重要思维能力之一。

（3）案例分析法

本节课使用了“坏脾气的孩子”“暴力伤医事件”“纸船案例”“心理咨询实例”等多个案例，引导学生对情绪的产生原因及调控方法进行解释和分析，培养学生的自主探究、沟通和协作精神。

（4）任务驱动法

发挥学生的主动性，在“情绪的产生原因”内容的讲授过程中，教师设置课程任务让学生思考情绪产生过程中的直接原因，并以此作为下一个内容的衔接，使学生在完成课程任务的过程中，带着问题学习，从而激发学生学习的主观能动性。

※学法

（1）参与体验法

学生根据所讲内容，积极地展开回忆、思考，参与到教师所讲内容中来，随着故事情节的发展，追忆和思考自我生活经历中的情绪体验并分享出来，既培养自我的表达能力，又锻炼自我的情绪觉察能力。

（2）问题分析法

学生针对教师在讲授过程中提出的问题，积极展开思考，带着问题学习，探索下一个学习内容，启发自我思维，提升自我分析问题、解决问题的能力。

（3）总结归纳法

针对教师教授问题，学会对所学知识进行总结和归纳，将零散的知识进行建构，按照一定的思路总结成一个自我理解的知识体系，提升自我的思考问题能力和总结归纳能力。

（4）逻辑思考法

知识点之间总有千丝万缕的联系，学生要学会思考知识点之间的逻辑关系，并按照其中的逻辑画出思维导图，用思维导图简化知识的同时，提升自我的逻辑思维能力。

5. 教学思路

情绪的产生原因及调控

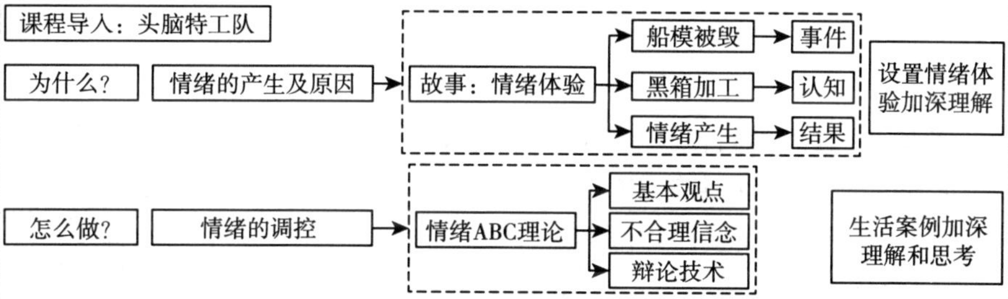

6. 教学准备

※学生课前预习

课前预习好上节课所学内容，弄清楚各章节之间的关系。

※教学设备和软件

调试好多媒体设备，准备好雨课堂扫码和课件。

7. 教学过程

教学	师生活动设计	设计意图
课程 导入 1.5 分钟	【案例导入】“头脑特工队” 　　因举家搬迁导致环境变化，莱利脑中控制欢乐和忧伤的两位脑内大臣乐乐和忧忧迷失在茫茫	以故事和生活实例导入并对比，引

教学	师生活动设计	设计意图
课程导入 1.5 分钟	脑海中，大脑总部只剩下掌管愤怒、害怕和厌恶的三位大臣负责，导致本来乐观的莱利变成愤世嫉俗少女。 【提出问题】您关注过自己的情绪吗？当您不快乐时，会怎么做？忧伤对我们有用吗？ 【学生】讨论分享 【教师点拨】情绪与自我意识和人际关系一样，是影响个体心理健康的重要因素。在护理实践中，觉察自我和患者的情绪状态，进行适当的情绪护理，有利于护、患关系的发展，也有利于病人的康复。那么，想要进行情绪护理，首先需要了解情绪的产生原因，并懂得几种情绪调控的方法。	起学生学习兴趣的同时，引出本次课所要解决的问题。
教学内容 0.5 分钟	【教学内容】本节课教学内容主要有两个： 一是情绪的产生过程及原因 二是情绪的调控方法——情绪 ABC 理论	使学生明确本课题的教学内容和重点、难点，有针对性地进行学习。
教学目标 1 分钟	知识目标：掌握以上教学内容。 能力目标：培养同学们发现、分析、解决问题的能力，能在自身的经验和教师的指导下分析和解决问题，并且不断地去联想、探索，从真正意义上完成对知识的自我建构。 素质目标：发挥学生学习的主体性和自主性，培养学生的情绪管理能力，增强学生的护理责任心和职业道德。使学生学会在将来的工作岗位中以高度的职业道德和责任心，踏踏实实工作，把课堂所学的专业知识真正用于实际的护理工作当中。	使学生明确教学目标、有的放矢的学习。

教学	师生活动设计	设计意图
新课 讲授 （1）情绪的产生原因 （15 分钟）	【新授内容一】情绪的产生及原因 【听故事并回忆、想象】教师讲“纸船事件”的故事，学生跟着故事回忆并想象自己的情绪体验后，通过雨课堂平台分享。 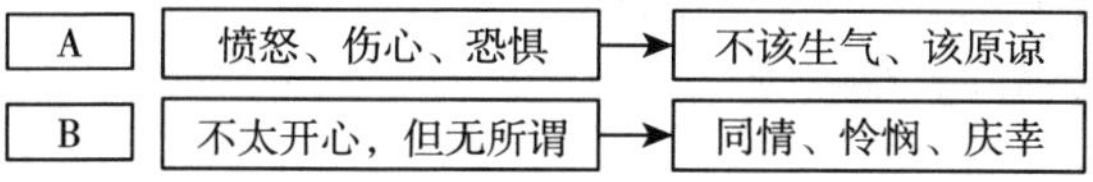 【思考】 A 和 B 为什么会产生不同情绪？ A 和 B 先后产生的情绪为什么不同？ 【结论】引发人们情绪的不是客观事件本身，而是人们对事件的看法、解释和评价。所以，个体自我是情绪改变的主体，是情绪的主人。调控情绪从自我对事件的看法、解释和评价入手。 【承上启下】现在，我们明白了情绪产生的原因，该考虑如何调控我们的情绪了，那么情绪调控的方法有哪些呢？ （教法）思维导图法、共情法（学法）体验分享法、逻辑分析法	结合故事发展进行情绪体验和分享，既有趣味性，又锻炼学生的表达能力，同时边回忆边思考，使学生从自身体验出发，切身体会情绪产生的过程，分析情绪产生的原因。
（2）情绪的调控 （20 分钟）	【新授内容二】情绪的调控方法——情绪 ABC 理论 【理论导入】在众多情绪调控的方法中，情绪 ABC 理论是目前认知疗法的常用方法，对于护理人员，掌握这一方法，不但有助于自我的情绪调控，还有利于帮助患者改变认知，管理情绪，早日康复。 1. 基本观点 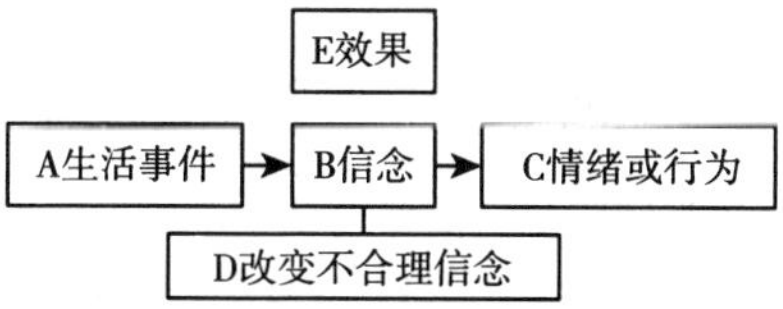 	运用思维导图和案例分析，使学生对逻辑关系更清楚，对问题把握更现实。

教学	师生活动设计	设计意图
（2）情绪的调控 （20 分钟）	【承上启下】可见，改变不合理信念是情绪调控的基础和前提，那么如何区分合理与不合理信念呢？ 2. 不合理信念的特征 【案例分析】“项某的病” 【提问】请分析案例中该患者病情表现的认知原因 【讨论后总结】 不合理信念的具体特征：绝对化要求、过分概括化、糟糕至极 【设问】如何改变这些不合理信念？ 3. 与不合理信念辩论的技术——苏格拉底产婆术辩证法 【举例并分析】 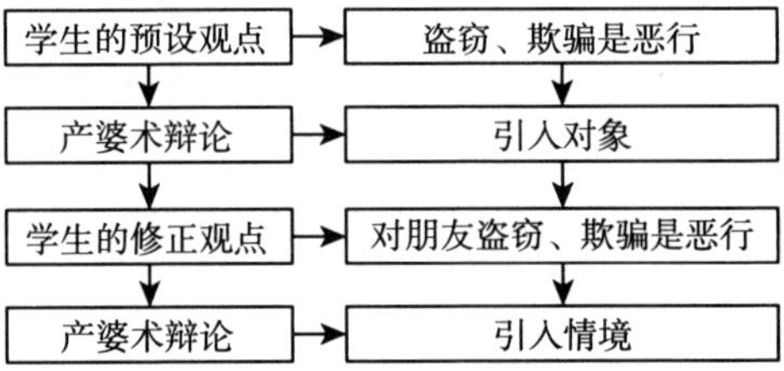 （教法）思维导图法、案例分析法（学法）总结归纳法、问题分析法	运用案例分析的方法使学生理解更深刻。
（3）思政元素引入 5 分钟	1. 知识的学习需要有“与时俱进”的思想和“辩证的思维”，如苏格拉底产婆术辩论例子中关于奴隶的内容需要摒弃和重构。（思维） 2. 科学的情绪调控有利于护患关系的发展，可以促进社会的文明与和谐，这一国家层面的价值目标需要我们的微薄之力。（文明、和谐） 3. 护士职业是攸关生死的职业，需要我们努力学习好专业知识，用自己的专业服务患者；需要	从专业思维的角度对学生进行教育；结合专业特点，挖掘社会思政元素，引导学生从专业

教学	师生活动设计	设计意图
(3) 思政元素引入 5 分钟	我们创新工作思路和护理理念，用整体护理和“以人为本”的思想关心关注患者的身心健康；用我们真诚友善之心对待护理关系中的人和事，相信如果人人情绪平和，人人都会进行情绪调控，那生活会更加美好。(敬业、真诚、友善)	角度践行社会主义核心价值观。
(4) 课堂小结 1 分钟	本节课我们从情绪的产生原因和调控的角度，体验了情绪产生的过程并分析了原因；同时，学习了一种自我调控和帮助他人情绪调控的方法，希望大家扎实掌握这些知识，为下节课其他辩论技术的学习打好基础。	引导学生回顾总结本节课的重、难点，练习总结归纳能力。
(5) 课后作业 1 分钟	【复习巩固】熟练掌握本节课所学内容，并用思维导图的形式画出知识框架和逻辑。 【学以致用】请找寻自己生活中出现的不合理信念并分析。	引导学生复习巩固基础知识，联系逻辑思维，知行合一，学以致用。
板书设计： 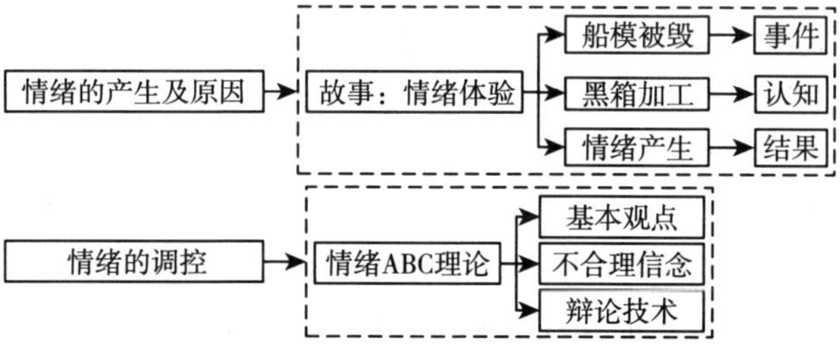 		熟悉知识框架，对所授内容一目了然，并清楚其中的逻辑关系。

8. 教学评价
※教学评价 教学内容严谨充实：本节课的教学设计结合本科生的学习和思维特点，以培养学生的逻辑思维和问题分析能力为目标，力求内容充实严谨、重点突出、条理清晰。 教学过程逻辑性强：过程设计的逻辑性很强，以“是什么、为什么、怎么做”的逻辑思维前后贯穿，自成一体，每个过程采用了适合的教学方法，激发学生的学习兴趣和主观能动性。 教学方法特色鲜明：运用思维导图和科研思维培养相结合的教学模式，综合采用思维导图法、任务驱动教学法和案例分析法为学生进行讲授，并在授课过程中注意了内容和思路的介绍，力求突出方法特色，激发学习方法的变革，提升学习效果。 课程思政元素渗入：从思维和社会主义核心价值观角度深入思政元素，结合专业特点和可能内容对学生进行思想政治教育，有效实现课程思政的大思政和全员育人的思想。

第四节　大学生心理健康教育课程改革创新的实践与探索

大学生心理健康教育工作承担着提升大学生心理调适能力，保持良好适应能力，提高大学生整体心理健康水平的任务。大学阶段是个体社会化和心理社会化发展的重要时期，他们需要完成青少年向成年人的角色转换，而心理健康是其顺利完成这一转换的重要前提和基础（罗晓璐，2018）。

开设大学生心理健康教育课程是大学生心理健康教育工作的重要手段之一，自 2002 年以来，特别在 2016 年国家卫生和计划生育委员会、教育部联合印发的《关于加强心理健康服务的指导意见》中被明确提出。大学生心理健康教育课程已经是当前我国高校开展心理健康教育的重要载体和主渠道，但仍然存在教育内容缺乏时代特色（田园等，2017）、教育形式单一（俞国良等，2015）、学生参与度低（吴禹等，2018）、教材质量不高（罗晓璐，2018；俞国良等，2017）、教师专业化水平有待提高（俞国良等，2017）等问题。所以，大学生心理健康教育课程的改革势在必行。

本节的实践与探索从大学生心理健康教育课程存在的问题出发，从教材选定、授课目的、授课内容、授课形式、授课效果和教师素养等方面进行改革，对大学生心理健康教育课程的授课方案进行设计，旨在增加授课内容的时代特点，使授课形式多样化，调动学生参与的积极性，增强授课过程的趣味性，提升授课教师的专业素养，从而提升大学生的整体心理健康水平。

一、研究对象及方法

（一）对象

采用方便的整群取样，选取 10 个大一年级本科班共 391 人作为研究对象，其中实验组 234 人，对照组 157 人，男生 211 人，女生 180 人，平均年龄为（18.76±0.93）。

（二）方法

1. 测验材料

参考尹美群、杜啸雪（2010）《大学生学习情况调查问卷》和刘艳和邹泓（2005）《社会能力问卷》，重新编制和修订了《大学生学习情况和社会能力问卷》，对研究对象进行调查和测验。

《大学生学习情况和社会能力问卷》包含学习情况和社会能力两个部分，学习情况包含教学计划与大纲、课程评价和课堂满意度 3 个方面，其中课堂满意度为 7 级计分（分越高说明越满意），其余题目均为封闭式选择问题；社会能力问卷共 3 个分量表，84 个题目，测量处理日常事务、一般人际交往、建立并发展友谊和总社会能力 4 个方面的能力。问卷实行 5 点计分。问卷的克伦巴赫 α 系数在 0.60～0.81 之间。

2. 实验设计

采用实验组与对照组对比实验设计，实验组用大学生心理健康教育课程教学改革设计方案进行授课，对照组用原方案授课。

3. 统计分析

用 SPSS22.0 软件，对数据进行统计处理，并进行 t 检验等分析。

二、大学生心理健康教育课程教学改革设计方案

大学生心理健康教育课程教学改革设计方案主要涉及教材选定、授课目的、授课内容、授课形式、授课效果检验和教师专业素养共6个方面，突出课程内容的时代特色、授课形式的多样性、学生参与度的加深、教材的灵活使用、教师专业素养的提升等特点。大致情况为：在选定相对高质量、高操作性教材的前提下，参考教材内容，以心理健康的重要影响因素为逻辑划分模块，实行模块化案例实践综合教学；利用手机微信平台（如雨课堂、兰墨云班课等），实现现实和虚拟两个课堂同时授课，在利用虚拟课堂完成签到、互动（师生和生生互动）、课堂总结等任务的同时加深学生参与度；同时增强教师的学习能力和专业素养，使教师加强与时俱进的学习意识。

（一）教材的选定

将原来理论为主的教材更换为具有较高自主操作性的精品教材，选择既有专业理论背景、又有多年心理健康教育实践经验的编写者的教材，选择教材理论框架科学合理、全面实际，形式活泼灵活，内容深入浅出，既适合教师做授课参考又适合学生自主学习和课下实践指导的教材。

（二）课程目的提升

原来的课程目的虽有知识和能力两个层面，但在操作中由于现实的原因，使得能力提升的目的有所萎缩，只突出了知识层面。而在改革中设立的网络虚拟课堂和能力实践手段，可以顺利完成一些原本无法在现实课堂中完成的任务（如充分沟通、人人表达、及时反馈等），可以大力提升能力培养的操作性和可能性，为充分发挥32课时的课堂授课效果提供帮助，达到提升课程能力的授课目的。

（三）授课内容的确定

按照总分的架构，以影响心理健康的重要因素为逻辑线索，参考教材内容，结合时代特点和学生实际情况，将教材12章的授课内容重新整合为3个大模块6个小部分，并按影响程度的大小和直接性安排授课顺序。大致情况为：第一模块在综合理解课程特点及学习要求的前提下，从了解心理健康和心理不健康的界定开始，使学生树立平等、公平地对待身体和心理健康问题的意识，关注自我心理健康状况；第二模块从影响心理健康的重要因素入

手，详细介绍了适应、自我意识、情绪和人际关系 4 个方面，并从学生的经验和感受入手，注重学生的体验，引导学生与自我心灵的沟通，帮助学生综合运用所学知识指导生活实践。第三模块则以知识拓展为主，留下灵活机动授课的空间，该部分可以由教师讲授学生当前最感兴趣的话题，解决当前最想解决的问题，也可以在教师指导下完全交给学生进行自主朋辈辅导，完成现场实践。大体情况见表 4-2。

表 4-2　大学生心理健康教育课程的主要授课内容、顺序及与教材的章节匹配

大模块	模块内容	小模块具体内容	难重点	教学方法	学生学法	课时
1	心理健康概述	1. 心理健康的特点 2. 心理不健康的界定	重点：心理健康的特点 难点：心理不健康的界定	理论讲授；案例分析；交流分享	理论学习回顾；体验	2
2	影响心理健康的主要因素：适应能力、自我意识、情绪、人际关系	1. 适应 (1) 时间管理 (2) 大学生活适应 (3) 学习适应 (4) 头脑风暴	重点：时间管理；大学生活适应；学习适应；头脑风暴 难点：时间管理能力的实践；大学生活和学习适应问题的解决；头脑风暴法的应用	理论讲授；案例分析；体验实践	理论学习回顾；体验；体验分享	4
		2. 自我意识 (1) 自我意识理论 (2) 性格与气质	重点：自我意识的三层次论；自我意识的窗口理论；气质的理解 难点：自我意识理论的应用；性格气质的评价和应用	理论讲授；案例分析；体验；实践分享交流	理论学习回顾；体验；体验分享	4
		3. 情绪 (1) 情绪体验 (2) 情绪认知 (3) 情绪管理的理论 (4) 情绪管理的方法 (5) 压力与挫折	重点：情绪体验；情商与智商的关系；情绪对大学生的影响；情绪管理的理论；情绪管理和压力及挫折的方法和技巧 难点：合理情绪疗法；情绪管理方法与技巧应用；压力与挫折的处理方法和应用	理论讲授；案例分析；体验；实践分享交流；实践分析	理论学习回顾；体验；体验分享；作业呈现	8

（续）

大模块	模块内容	小模块具体内容	难重点	教学方法	学生学法	课时
2	影响心理健康的主要因素：适应能力、自我意识、情绪、人际关系	4. 人际关系 （1）人际关系概论 （2）人际关系的影响因素 （3）人际关系的心理效应 （4）人际关系方法与技巧 （5）亲密关系——爱情 （6）性与健康	重点：人际关系的影响因素；人际关系的心理效应；人际关系的方法与技巧；爱情三元论及爱情的四阶段论；性与心理健康 难点：以上几个重点问题与日常生活的联系和在生活中的应用	理论讲授；案例分析；体验；实践分享；分析	理论学习回顾；体验；体验分享	10
3	知识拓展	1. 绘画疗法 2. 环境心理或其他学生关注的问题	重点：知识的理解 难点：知识的应用	理论讲授；案例分析；体验;实践	理论学习回顾；体验；体验分享	4

（四）授课形式的变化

授课形式的变化是本节改革方案的主要外在表现形式和授课内容与效果的载体。具体变革为使用手机微信平台同步建立一个虚拟课堂（如雨课堂、兰墨云班课等），将原本唯一的现实课堂，增加为现实和虚拟两个课堂进行同时授课。大体操作流程为：教师通过手机微信平台建立虚拟课堂；学生手机扫码进入课堂并签到；手机、投影、电脑同步教师授课 PPT 演示文稿；教师授课；结束授课；教师手机端收到课堂小结。

虚拟课堂可以辅助教师完成几个方面的任务。如考勤，学生通过扫码进入课堂签到的行为即已完成考勤任务，学生的签到信息会在教师手机端呈现，既可以节约教师点名时间又可以精确控制学生考勤；再如沟通互动，学生可以用手机回答教师通过虚拟课堂发送的问题，教师可以收到所有学生的答案，了解每个问题的回答情况，还可以将学生的总体回答情况反馈给学生，使学生了解自己在每个问题上与其他同学的区别；在调动学生积极性的问题上，除了虚拟课堂本身的调动作用外，两个课堂还增加了问题沟通的流畅性，加之反馈的及时性，使课堂上学生的参与度得到很大的提升。另外，授课形式的多样性还增强了教师的课堂参与度，如教师可以完全离开讲台，用手机作为遥控器控制电脑和屏幕，在教室当中和学生一起展开讨论和近距离的交流。

（五）教师专业素养

大学生心理健康教育课程教学改革方案，对授课教师的专业素养提出了更高的要求。教师不但要熟悉专业知识，还要探讨如何才能帮助学生实现对专业知识的融会贯通和实践应用；不但要有扎实的教学基本功，还要有即时和及时掌控课堂的能力；不但要解决备好的常规问题，还要能解决学生提出的质疑和解答学生所关注的问题。而这些能力都需要教师加强学习，在日常备课和授课中不断积累经验，不断学习，不断提升自我的专业素养。

（六）效果评价及考核方式

考核方式虽仍然采用传统的试卷考核，但试卷内容尽量以考查学生的实践和应用能力为主，注重过程性考核，强调学习过程中学生的参与度；同时，不将试卷考核和过程性考核作为授课效果评价的唯一方式，而是突出学生自评和能力提升情况的权重，用大量的心理健康问卷对学生进行测量，以检验课程的授课效果。目前使用的问卷主要有：气质量表、人际关系量表、情绪管理能力问卷、社会能力问卷、压力问卷、大学生人格问卷、SCL-90自测量表等心理健康问卷。

三、大学生心理健康教育课程教学改革设计的授课效果

（一）实验组与对照组学习情况对比

1. 教学计划与大纲

对照组只有不到25%的学生认为自己比较了解本课程的教学计划与大纲，而实验组对此认识的比例则达到70%以上，这很大程度上与新方案中课程授课计划的开放度有关。新方案中的课程第一课有两个任务，一是了解课程基本情况和要求，二是理解与本课程有关的两个重要概念（心理健康与心理不健康）。

2. 课程评价

对照组和实验组在课程评价上的差异较为明显。一半以上的对照组学生认为大学生心理健康教育课程的实践性较弱，课堂上所学知识的可操作性不够强，存在课上一学就会，课下很少用或不用的现象；而实验组中持这种观点的学生不到10%，有60%以上的学生认为能够在课堂上做到深入思考，有一定程度的实践和操作，且课后基本能够靠自我指导进行实践。另外，有

95%以上的实验组学生认为用手机上课的体验非常棒，其中80%以上的学生认为手机授课能够顺应时代特色，更重要的是可以避免上课摆弄手机的小动作，充分利用手机的学习功能。也有90%以上的实验组学生基本能够做到思考手机上教师所授内容，及时回答教师所问问题。

3. 课堂满意度

用1～7分的里克特量表对学生的课堂满意度进行调查发现，对照组课堂满意度的平均分为4.05分，标准差为1.01，与该项目的理论平均分4分基本持平；而实验组学生的课堂满意度均分则高达6.25分，标准差为0.92。两组的差异性极其显著（$t=7.96$，$P<0.001$），说明实验组的授课方案对学生的课堂满意度有明显的提升作用。

（二）实验组与对照组社会能力情况对比

实验组与对照组社会能力情况对比如表4-3所示。

表4-3　实验组与对照组社会能力情况对比结果

项目	实验组	对照组	t	*P*
日常事务处理能力	12.55±1.52	10.81±1.67	3.46	P<0.01
一般人际交往能力	15.94±2.09	14.22±2.25	3.25	P<0.01
建立与发展友谊的能力	16.99±2.24	15.46±1.89	3.41	P<0.01
总社会能力	45.48±4.29	42.18±4.33	6.55	P<0.001

为了检验新授课方案的能力提升效果，采用大学生社会能力问卷对实验组和对照组的学生进行测量。结果发现，实验组和对照组学生在社会能力的三个维度和总社会能力上均出现了显著差异，对照组学生的社会能力明显高于实验组学生。

（三）实验组与对照组学生社会能力的性格差异

实验组与对照组学生社会能力的性格差异如表4-4所示。

表4-4　实验组与对照组社会能力性格差异

项目	性格类型	实验组	对照组	t	*P*
日常事务处理能力	外倾性	11.44±1.62	10.10±1.45	2.13	P<0.05
	内倾性	13.59±1.31	10.77±1.81	6.53	P<0.001

（续）

项目	性格类型	实验组	对照组	t	P
一般人际交往能力	外倾性	14.33±1.87	14.22±1.62	1.25	P>0.05
	内倾性	15.64±1.90	14.22±2.31	3.25	P<0.01
建立与发展友谊的能力	外倾性	15.14±2.24	15.25±2.22	−1.25	P>0.05
	内倾性	16.84±2.24	14.46±1.89	4.36	P<0.01
总社会能力	外倾性	39.88±3.63	37.37±3.11	2.18	P<0.05
	内倾性	45.64±4.12	41.38±4.17	5.73	P<0.001

通过对实验组和对照组学生社会能力的性格差异进行比较，发现大学生心理健康教育改革方案对内倾性学生的效果尤为明显，在社会能力各维度和总社会能力上均出现了极其显著的差异；而外倾性学生的显著效果只出现在日常事务处理能力和总社会能力上，且程度上也不如内倾性学生的效果显著。这说明改革方案能有效提升学生的社会能力水平，且尤其适用于内倾性学生。

四、改革反思

实验和调查结果表明，大学生心理健康教育课程的改革方案能有效增强学生的课堂满意度、课堂参与度，一定程度上增强学生的社会能力和心理健康水平。但在实施过程和课程设计中仍有一些问题需要授课教师注意。

（一）全面把握教材，切实做到对知识的融会贯通和自由整合

全面把握教材是所有教师授课的必要条件。大学生心理健康教育课程的教材编排一般都有自己的思路，但授课教师仍要按照自己的思路和逻辑，站在学生的角度，针对学生的不同类型，本着以学生更易于接受和学习的目的，对教材内容进行整合，以利于学生的学习和能力的提升。

（二）不断提升自己的人文素养和专业的科学研究能力与经验

大学生心理健康教育课程严格意义上并不是一门知识传授课，而是一种能力提升课。其涉及的学科范围之广，内容之多，是其他课程所难以达到的。这对于授课教师的人文素养要求较高，所以需要教师加强学习，多读书，多涉猎。如大学生心理健康教育课程的授课对象是所有专业学生，那么就要求授课教师了解各大专业类型的思维方式和特点，并在授课过程中加以

利用和开发，以发挥其优势，避免其劣势。

另外，还需要授课教师不断提升自我的科研水平与经验。这除了培养科学研究意识的分内之职之外，还源于完成大学生心理健康教育课程的知识传授和能力培养目的，需要大量的科研结果和结论做支撑与引导，以帮助学生理解相关知识，了解知识的来龙去脉，并以科学研究的结论为指导制定有效可行的能力提升方案。教师除了需要把握教材之外，其人文素养和科研思维、能力与经验也是其授课水平的根基。

（三）恰当把握课堂沟通时间，切忌脱离授课的主线和思想

虚拟课堂是现实课堂的辅助和补充，是为了更好地服务现实课堂而设置的，现实课堂仍然是教师授课的主导。虚拟课堂的主要作用是为了缩短沟通时间，在较短的时间内掌握更多学生对问题的看法和回答，并顺利完成双向反馈。所以，教师需要熟练掌握虚拟课堂的操作技巧，做到现实和思想上两个课堂的灵活切换，不能让虚拟课堂喧宾夺主，也不能让虚拟课堂影响现实课堂的授课。

（四）全面把控课堂，指导学生充分利用手机的虚拟课堂功能

教师是课堂的主导，需要有全面掌控课堂的能力。在大学生心理健康教育课堂上将手机作为辅助工具加以使用，是顺应时代的行为，但要注意学生使用手机做与课堂无关的、影响课堂授课效果的事情，减少和杜绝学生的上课玩手机现象。

（五）注意学生的隐私保护，分享和反馈信息需征得学生同意

教师可以通过虚拟课堂获得大量的学生信息，但大学生心理健康教育课堂中有些内容是涉及隐私的，教师需要在班内分享和反馈信息时，应注意学生隐私的保护。针对教师手机端收集的信息，在分享前一定要征得学生本人的同意。

第五章　大学生心理咨询工作

心理咨询是解决公共卫生健康促进项目中核心群体问题的主要方法，是心理咨询师帮助来访者解决心理问题的过程。在此过程中，心理咨询师运用心理学的原理和方法，应用心理咨询和治疗的原理与技术，帮助来访者发现并分析问题，找到问题的原因，并针对原因制定和实施相应的解决措施，最终达到问题解决的效果。此外，心理咨询还有一层含义，是咨询师在咨询和问题解决的过程中，帮助来访者挖掘和发现自身潜在的内生能力和社会支持力量，教给其使用这些力量的能力，通过原有认知结构和行为模式的改善，以提高其生活适应能力和环境调节能力，即通常所说的“助人自助”。这需要与公共卫生社会项目相区分，公共卫生的社会项目主要涉及心理障碍等严重心理疾病患者的健康行为维护和改善，而公共卫生健康促进项目的范围比社会项目广泛，主要涉及常见的心理问题范畴。

第一节　大学生心理健康咨询的定位与原则

大学生心理健康咨询的对象处于生理和心理发展的半成熟时期，他们有生活的热情却缺乏生活的艺术，有激情却缺乏生活的经验。正处于社会生活准备期的大学生群体，具有极强的塑造性，非常需要现实的生活指导。

一、大学生心理健康咨询的定位

明确大学生心理健康咨询的定位，掌握大学生心理健康咨询工作的特点及应当采用的心理咨询的理论和方法，理清大学生心理咨询与心理安慰、心理治疗的关系，对于针对大学生心理健康咨询的独特性，完成大学生心理健康咨询的任务有一定的促进作用。

心理安慰是指个体将难以排解的困苦和烦恼向亲朋好友倾诉时，得到的宽心话语和精神安慰，可以起到宣泄情绪和暂时恢复心理平衡的作用。心理咨询除了有心理安慰的效果外，还会促进个体自身的成长。如“过去的事情就让它过去吧”“时间会冲淡一切的”等安慰性语句，这是一种忘掉过去、淡化过去的劝说。然而，彻底忘掉已经发生的事件是比较难的，这往往是一种否定过去的说法，不会起到促进个体成长的作用。

心理咨询不提倡用忘却过去来达到问题解决的目的，况且忘却过去也不能达到问题解决的效果。心理咨询提倡积极看待自身经历，将包括挫折与磨难等的经历当作是自我成长的良好时机。心理咨询师应教会来访者换一种思维来看待自身所经历的生活事件，并学会分析生活事件中促进自身成长的因素。另外，心理咨询还主张避免依赖他人，培养独立、自立的人格，实现“自助”的效果。

心理治疗比心理咨询的临床色彩更浓。两者的区别主要体现在工作对象、工作主体和工作内容上。心理治疗的工作主体是经过专业心理治疗训练和培训的心理治疗师，他们经常由相关精神科专业出身的医院精神科医生担任，且大都是医学背景。心理咨询的工作主体是经过专业心理训练和培训的心理咨询师，他们经常是心理学专业背景的心理健康工作者。心理治疗主要是对精神障碍或严重心理疾患病人进行治疗，心理咨询则主要针对心理问题和一般心理疾病的正常人群。可见，心理治疗和心理咨询的工作对象和工作内容是不同的。学校里的心理健康教育工作者大都不符合心理治疗的条件。心理咨询可以由教育学或理学的心理学专业背景的教师担任；而心理治疗则应由医学专业背景，特别是临床心理学或精神障碍治疗的精神（心理）科医生担任。心理咨询主要是针对正常人，而心理治疗则主要针对心理障碍者。同时，心理咨询可以在学校和社区服务机构用较短的时间完成，其性质一般为教育性和发展性的；而心理治疗则需在医疗机构花费较长的时间才可完成，其性质则经常涉及对心理品质、行为方式及人格的改造。

可见，大学生心理咨询的定位应是教育性和发展性的，治疗性的心理咨询定位并不适合学校心理咨询。学校心理咨询一般是由经过培训的心理健康指导教师对有心理问题的学生进行的为期较短的心理指导和心理帮助。所以，大学生心理健康咨询教师必须要明确自己的工作内容和工作范围，既不能将心理咨询做成一般人的心理安慰，也不能超越心理咨询的范围，对学生进行心理治疗，还要准确地判断和及时转介需要心理治疗的学生。

二、大学生心理健康咨询的原则

大学生心理健康咨询工作既要遵守国家的相关法律法规，又要严格遵守本专业的工作原则。

（一）遵守我国相关法律法规

《中华人民共和国精神卫生法》是直接规范与心理健康有关的心理咨询与心理治疗服务工作的。

如《中华人民共和国精神卫生法》第二十三条规定："心理咨询人员应当尊重接受咨询人员的隐私，并为其保守秘密。"

第四条规定："精神障碍患者的人格尊严、人身和财产安全不受侵犯。有关单位和个人应当对精神障碍患者的姓名、肖像、住址、工作单位、病历资料以及其他可能推断出其身份的信息予以保密。"

此外，《中华人民共和国精神卫生法》还对学校心理咨询做了相关的法律规定。例如，第十六条规定："各级各类学校应当对学生进行精神卫生知识教育；配备或者聘请心理健康教育教师、辅导人员，并可以设立心理健康辅导室，对学生进行心理健康教育。学前教育机构应当对幼儿开展符合其特点的心理健康教育。"

第二十三条规定："心理咨询人员应当提高业务素质，遵守执业规范，为社会公众提供专业化的心理咨询服务。心理咨询人员不得从事心理治疗或者精神障碍的诊断、治疗。心理咨询人员发现接受咨询的人员可能患有精神障碍的，应当建议其到符合本法规定的医疗机构就诊。"

心理咨询要严格遵守我国的法律法规，遵守《中华人民共和国精神卫生法》，按照法律相关规定开展工作，一切行为要在法律允许的范围之内进行。

（二）保密性原则

即便不论保密性原则在咨访信赖关系、咨询师职业道德、工作信誉和心理咨询效果方面的作用，单看那些走进心理咨询中心，主动接受心理咨询的学生在心里做过的挣扎和斗争，就应该体会到他们渴望积极解决自身问题的决心和勇气。可想而知，来访者定然会存在隐私意识，也会有要求咨询师能够为他们的咨询事宜保密的意识。这样才能够保证来访者在心理咨询过程中毫无顾忌地将自己的问题和盘托出，并与咨询师建立高度信任的关系，以保障心理咨询的效果。为确保咨询效果和建立信任关系，咨询师在咨询初期与来访者说明保密原则甚至签订保密协议是非常有必要的。

（三）自愿原则

自愿原则是指来访者的咨询行为源于个人意愿，没有任何强制性和要求性。对于通过辅导员或其他途径转介的来访者，咨询师一定要确认其咨询意愿的自愿性。同时，咨询师要无条件地尊重每一位来访者的人格和独特性，避免有色眼镜和先入为主的评价。在咨访关系确立之初、咨询过程中和咨询终止时的任何阶段，是否接受或继续心理咨询应完全尊重来访者个人的意愿和选择，咨询师不能有任何主观强制意味。咨询师要热情接待来访者，通过良好的咨询关系，了解一些基本问题，尽量引导学生自愿接受咨询。咨询师经过努力之后，对于仍不愿接受咨询的学生，则要尊重其选择。

（四）时间限定原则

遵守时间限制是咨询双方都要遵循的原则。时间限制原则是需要在咨询之初，咨访关系建立之时要与来访者明确说明的原则之一。每周 1 次，每次 50 分钟（初次咨询时可适当延长），是一般咨询的时间限定。咨询师要向来访者说明，50 分钟的时间限制是站在有利于提升咨询效率、保障咨询效果的基础上，综合考虑咨访双方心身规律前提下，经过实践检验而确定的科学时间。这个时间限制原则可以使来访者在咨询过程中考虑时间限制，更容易表达和显露出自己的问题，有利于提高咨询效率。

（五）知情原则

在咨询关系开始前，心理咨询师应告知来访者有关咨访双方的相关权利及责任，咨询的目的、技巧和程序，以及可能影响咨询关系的限制，并签订咨询协议。在咨询中，如果需要录音、录像或使用测评量表，都需要事先就其目的和意义对来访者进行说明，并取得来访者的同意。知情原则可以明确咨访双方的权利和责任，使来访者和咨询师明确咨访身份和要求，更利于建立信任的关系以保障咨询的效果。

（六）平等原则

高校心理咨询需要咨访关系双方都跨越原本的教育者和受教育者的身份，建立一种平等的关系，这是确保咨询效果的基础。而跨越学校原本普遍存在的教育者和受教育者的既定身份和关系模式，还是有一定的难度的。就学生而言，其受教育者的身份是比较牢固的，加之学生此时更关注的是解决自己的心理问题，且其并未接受专业心理咨询训练，所以更难完成这种身份的跨越。这就需要受过专业训练的咨询师的努力，在咨访关系建立之时，与学生说明平等原则，并在咨询过程中拿捏好身份转换的分寸，以保证咨访双方角色的转换。需要注意的是，这里的平等不是形式上的平等，更多是强调一种平等相待的态度。

（七）补偿性原则

补偿性原则是指通过心理咨询在内的各种心理健康教育，使有心理问题或心理疾病的学生得到问题解决和健康恢复，使其因早期经历或生命发展过程中由多种因素导致的人格和心理异常得到及时地补偿和补救，使其心理和行为能正常适应学校和社会的学习与生活环境。

补偿性原则还有另外一层含义，即对一些家庭和学校心理教育的补偿。受升学压力的影响，中小学校大都强调升学的重要性，以升学为主要目标，而导致学校心理健康教育的缺失或发展不够。以物质供养和学业支持为主的家庭教育，对心理和情感教育的关注也不多。所以，高校相对专业和系统的心理健康教育还担负着弥补和补偿阶段性教育缺失的责任。

（八）主体性原则

以罗杰斯人本主义心理观为理论和实践依据的心理健康教育强调学生的主体性，强调“助人自助”的教育和咨询目标，要求在教育中使每个学生都得到全面、自由和充分的发展，相信每个人的潜能、自我实现的愿望及为之奋斗的激情和意志。所以，高校心理咨询以帮助来访者实现自助为根本目标和宗旨，通过教育和咨询引领来访者掌握自助技巧。

（九）全员性原则

高校心理咨询的工作对象是全体师生，特别是全体学生。其实，心理咨询的参与教师不一定是专业人员，可以使经过一定心理培训的辅导员、任课教师和心理辅导教师，甚至部分学生担任这项工作的主力军。因为，对少数有心理问题或心理疾病学生的深度心理咨询和治疗，才需要专业心理咨询师进行。

而且，在发展性咨询中，学生、辅导员和任课教师等与学生联系较多的群体，在某些情况下甚至比专业的辅导教师和咨询师更能够成为学生有力的社会支持力量，比咨询师专业咨询的效果要更好。如利用朋辈辅导培养的朋辈咨询学生团体，能够在日常生活的宿舍、班级和社团等团体中发挥作用。而与学生日常生活、学习和工作密切相关的任课教师、宿管人员、辅导员等都是学生更容易找到，也是更愿意寻求帮助的对象。所以，对这些相关的可能人员进行一定的培训，充分发挥他们的辅助作用，也是一条不错的途径。

（十）发展性原则

发展性原则是大学生心理健康咨询的根本性原则，与大学生群体身心发展规律的现实要求相关。从数量上来看，庞大的大学生群体中需要专业心理咨询的学生并不是很多，而每个大学生都是有无限发展可能的个体。所以，大学生心理健康咨询也要以发展的观点来对待每一个来访者，不但在分析问题时用发展的眼光对每一个来访者进行动态考察，还要考虑问题解决和咨询结果的长远性和预测性。个体的问题大多是由其发展历程导致的，且问题本身也是正处在发展变化之中的，故要求咨询师和来访者也要以发展的眼光看待这个动态的变化。这既要求咨询师充分了解来访者的已有发展历程和发展结果，更要关注其以后发展的可能性和方向。另外，对大学生来说，其面临的问题也往往是涉及职业发展规划、生活经历及发展、情感、学业、人际关系等发展性方面的共性问题。

（十一）多样性原则

学生的多样化需求需要多样化的心理咨询形式。由于观念的问题，当面咨询的方式需要来访者打破原有的传统观念，且在其他社会支持力量无法发挥作用的时候才会被选择。所以，为学生提供团体咨询、电话咨询、网络咨询、信函等方式，学生更易接受，也更符合大学生的生活方式和咨询需求。

（十二）防重于治原则

防重于治原则与中医讲求的“治未病”原则类似。即通过心理健康知识的宣传、普及和教育，使心理问题预防重于治疗的观念深入人心，提升大学生的心理健康意识，使大学生日常生活中注重关注自我的心理健康，使心理健康意识常态化，做到防患于未然。同时，学校心理健康工作专业人员将常见心理障碍和心理疾病的常规知识教给与学生相处密切的辅导员、任课教师、宿管教师等工作人员，发挥群体的力量实现学生常见心理障碍问题的早发现、早预防和早治疗。

（十三）保密例外原则

当来访者表示有伤害他人或自己的意图或事实，或违反校纪、校规及国家法律法规的情况时，应遵循保密例外原则。保密例外原则也可在咨询关系开始前以知情同意书的形式告诉来访者，同时说明，本着为来访者解决问题和专业研讨的目的，如有必要会在专业场合进行讨论，但会隐去个人信息。

第二节　大学生心理健康咨询的理论与方法创新

从专业角度看，大学生心理健康咨询遵循心理咨询的一般规律和要求，使用的心理咨询理论和方法大体相同，但相比于医院和社会心理咨询，又有其独特的规律和特点。

高校可根据我国的国情和文化特点，根据大学生的心理特点，根据我国高校的实际情况（现有专职心理咨询师人数与学生总数的比例，以发展性心理咨询为主的特点等），选取最有利于大学生心理成长的理论和方法进行使用。

一、积极取向心理咨询理论与方法

积极取向心理咨询与方法关注人性的积极方面和人自身拥有的资源，是以信任个体自我发展能力为特点的一类心理咨询流派。积极取向心理咨询主要有罗杰斯的以人为中心的心理治疗、萨提亚模式心理治疗、叙事心理治疗和焦点心理治疗等。积极取向心理咨询具有把来访者看作正常人、关注积极资源、非决定论和强调自主作用的特点。

（一）积极取向心理咨询的特点

1. 把来访者看作正常人

积极取向的心理咨询不同于心理分析治疗理论把人看作是病态的人，也不同于行为主义治疗理论从动物的观点看人，否认人的理性的存在，而是视来访者为正常人。积极取向的心理咨询认为来访者在行为上的不适应源于没有看到和发挥出自己的积极资源，认为每个个体都是有价值、有尊严的，是可信任的，只要为其提供了足够的尊严和信任，个体就会以积极的、建设性的态度来发展自我。

积极取向的心理咨询融合焦点心理治疗理论，将来访者看成是一个“被困住的”正常人，认为每个来访者都是独一无二的，且拥有资源与能力去帮助自己，来访者是自己的专家；认为当来访者来到咨询师面前时，他们已经带来了以往的成功经验和资源，他们拥有解决自己问题的潜在能力。咨询过程中来访者的“阻抗”行为则是咨访双方沟通不畅所致。作为独特个体的来访者都有其独特的成长环境和人生经历，而每个个体是在社会、历史和文化影响下，是被自己建构和塑造出来的。来访者来寻求帮助的问题，其实是运用个人价值观对其生活经验所做的一种意义建构。融合萨提亚积极心理治疗模式，认为来访者是暂时与自己生命力和积极资源断联的正常人，都有追求爱、接纳、尊重、认可、安全和自由的渴望，认为症状只是个人追求自我渴望满足的过程中，因其内在资源与能量受阻、潜在健康能力未被发挥或不能触及时的表现。

2. 积极关注

积极关注问题或症状表现下的正向功能和个人的正向期待，强调引导个体把思考的焦点放在正向的、积极的目标时，就可使其朝向所期待正向改变。咨询过程中，咨询师善于发现来访者所述问题的“例外”，即描述问题时容易忽视的积极正向的内容和方面，提醒来访者关注积极的情绪体验，使来访者明白事情原来没有自己想象的那么糟糕，让来访者看到自己的积极能量和资源，增加自我效能感。

积极关注还包括咨询师帮助来访者实现从问题中解脱，不进行人和问题的纠缠，引导来访者学会从生活经验的积极元素中寻找应对问题的能量。如回顾那些在困境中找寻解决问题的办法时的挣扎和痛苦体验，找寻的过程与事件，喜欢的事件或品质、期待等，其实都是积极的，问题的出现是因为人们满足渴望时选择了不恰当的应对方式。找到这个不恰当的应对方式，重新认识自己的资源和积极能量，就会找到能够促进自己健康成长的新的、恰当的应对方式。

3. 非决定论

非决定论认为人有能力发现自己的心理问题并寻求改变，以达到并保持心理健康状况。认为寻求有利资源，营造有利环境才是人本身的特点，并主张尊重个体的本性，不为其做决定。非决定论还主张把心理问题当作个体在社会文化中建构出来的理解自身经验的方式，而这种经验又是由个体对经验故事的理解决定的。即隐含在心理问题背后的是在人与社会环境相互作用下，个体对自我生活方式、关系类型和自我塑造技巧等生活知识的建构。所以，非决定论主张不以统一的标准看待事物，不以确定的原因理解心理问题。

4. 对来访者自主作用的强调

积极取向的心理咨询在咨访关系中，强调来访者的自主作用，相信个体的自愈能力，认为咨询师只是个体的陪伴者、协助者和催化者。

罗杰斯的人本主义提出个体有自我实现的倾向，突出人的主观性和能动性，体现人的“机体智慧”和“非指导”治疗；焦点解决短期治疗主张咨询师并非权威或专家，不应教导个人做什么和如何做，而是建立一种与来访者的合作关系。在这种关系中，咨询师引导来访者发现有利于问题解决的内外资源，澄清问题解决的目标，达成预期的改变。叙事心理治疗则摒弃咨询师专家的身份，将来访者看作自身问题解决的主角。在咨询过程中，以“不知”的态度与其共同建构来访者生活，以增强来访者的心理能量，通过积极重构新的生命故事来解决问题。萨提亚心理治疗则是尊重个体的天性，满足个体得到尊重和认可的渴望，发挥自身改变自我的能力和潜能，通过改变已发生事件造成的影响来达到解决问题的目的。该治疗模式确信人们能够通过学习实现改变和成长，所以，咨询师应信任来访者，把提升自信心，促进完成自我一致性当作治疗的任务。

（二）积极取向的心理咨询方法

积极取向的心理咨询方法以人本主义心理疗法、焦点解决短期治疗、叙事治疗和萨提亚治疗等方法为典型。

1. 人本主义心理疗法

人本主义心理疗法主张从来访者自身的主观现实分析问题所在，认为自我概念与体验不一致会导致心理障碍，而人本身具有了解改善问题和行为的巨大潜力，只是还需要好的环境和好的指导。咨询师的任务就是协助来访者创造这个环境和进行这个指导。在心理咨询过程中，来访者能体验到来自咨询师的关怀、真诚和理解，以帮助来访者释放潜能。所以，咨询过程中建立良好而特殊的咨访关系是关键所在。故咨询师对来访者的理解、同情、关怀、尊重、接受和倾听，及其对其行为的不解释、不干涉和不控制的非指导性疗法，可以发挥来访者的潜在资源，达到预期咨询效果。

2. 焦点解决短期治疗

焦点解决短期治疗通过问题描述、发展积极目标、探索例外和后续评估四个阶段来帮助来访者实现预期目标和完成改变。即通过咨访双方合作，协助来访者从经验期待中寻找帮助实现改变的资源和能力，以解决问题。

3. 叙事疗法

叙事疗法以“人不等于问题，问题才是问题”的精神，完成人与问题的对话。咨询师根据来访者所述的故事，了解其对问题的看法和想法，探讨其在面对问题时的思想和困难、挣扎、无力、害怕、惶恐等真实的内在体验，并引导来访者将人和问题分离和外化，让来访者站在面对问题的位置重新思考、描述自己的故事，以重新看待那些曾经控制他们生活的问题。然后，鼓励来访者纳入先前被自己忽视的、据有潜在重要性的事件或经验，以重新改写自己的故事，进行问题解决。

4. 萨提亚心理治疗

萨提亚心理治疗是通过系统化、体验式、正向导向的治疗，使来访者聚焦于改变本身，实现自我的一致性。认为内在心理系统、原生家庭及社会环境等外在系统是两个影响个体的重要因素。自我、渴望、期待、观点、感受和应对方式等都属于个体的内在影响系统，而当人们认识到自己的内在影响系统时，改变才会真正地发生。萨提亚的内在冰山系统如图 5－1 所示。

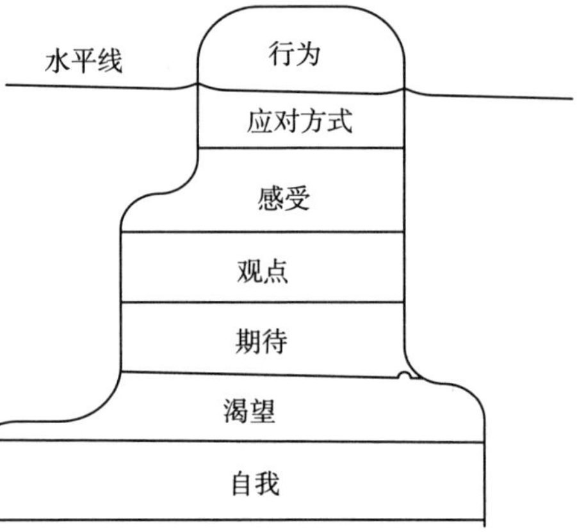

图 5－1　萨提亚内在冰山系统

二、问题取向的心理咨询理论与方法

（一）问题取向的心理咨询特点

问题取向的心理咨询将来访者视为有问题的人，并主张通过心理咨询去解决问题，使其恢复健康，达到人格完善。

1. 视来访者为有问题的个人

以问题为取向的心理治疗都把来访者看作是有问题的个体，是不正常的人，因此，要对其进行矫治。

2. 关注的重点是去除问题

以问题解决为取向的心理咨询关注的重点是去除问题，通过消除来访者不适应的问题，使其恢复自我的心理健康。

3. 决定论的取向

以问题为导向的心理咨询都存有决定论的倾向，认为某种行为的产生一定有一个确定的原因。找到问题发生的原因是问题导向的咨询主要思路，即“事出必有因”，旨在找到问题背后的原因来解决问题。

4. 咨询师的权威地位

心理咨询师的权威性和主导地位是问题取向咨访关系的明显特点，突出了咨询师在问题分析、解决问题及推进咨询过程中的作用。

（二）问题取向心理咨询的具体方法

1. 精神分析疗法

弗洛伊德精神分析疗法将幼年时期性心理发育中未能解决的心理矛盾冲突，作为心理障碍产生的重要根源。精神分析治疗就是要挖掘压抑在潜在意识中的心理矛盾与冲突，让来访者对这些原本压抑在潜意识中无法觉察的矛盾冲突进行重新认识和重新领悟，从而消除心理障碍、治愈病情。自由联想、释梦和移情是精神分析疗法经常使用的治疗技术。

2. 行为疗法

行为疗法又称为行为矫正疗法，该疗法认为心理问题是由个体不恰当或无节制的行为造成的，因此行为改变是咨询和问题解决的重点。改变、修正或控制不恰当的行为，学会恰当的行为方式，可以解决来访者面临的困扰和难题。常用的具体治疗方法有：系统脱敏疗法、阳性强化法、代币法、厌恶疗法、满灌疗法和放松训练等。

如儿童看到白大褂就哭闹行为的习得与矫正如图 5－2、图 5－3 所示。

以上两个逻辑过程体现了行为疗法的问题解决思路。行为疗法认为儿童打针哭闹的行为是一种无条件反射，因为每次打针时都看到穿白大褂的人，使儿童的无条件反射伴随了一个条件刺激（白大褂），经过一段时间后形成

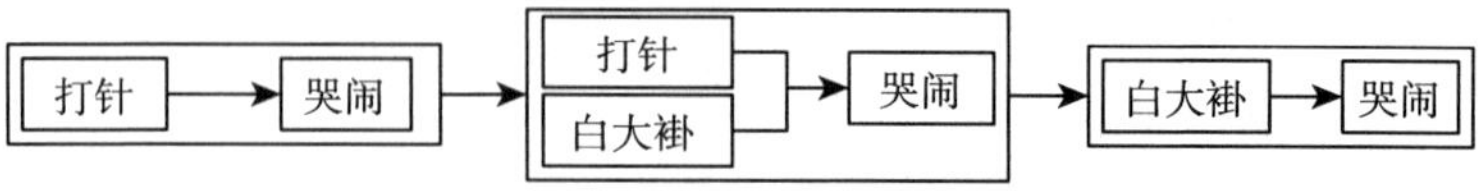

图 5-2　儿童看到白大褂哭闹行为的习得过程

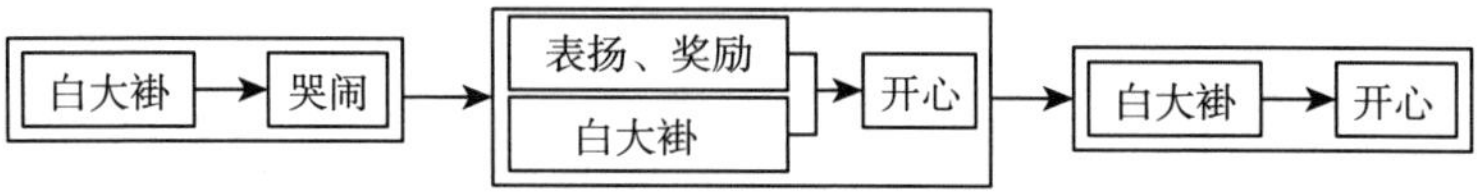

图 5-3　儿童看到白大褂哭闹行为的矫正过程

了条件反射。那么，可以让儿童在打针时伴随另一个无条件刺激（表扬与奖励），使其形成一个新的无条件反射（表扬和奖励带来开心体验），来解除儿童对白大褂的恐惧，其看到白大褂就哭闹的行为就会自然消除。

3. 认知疗法

认知疗法强调认知过程对情感和行为的直接影响，认为信念、假设、思维等认知因素是行为和情绪产生的直接原因，是客观事件与情绪与行为间的中介因素。客观因素是行为或情绪等结果的必要因素，而认知因素则是行为或情绪等结果的充分条件。所以，当认知判断失误或评价解释错误时，认知的准确性会受到限制或歪曲，从而导致不良的情绪和行为。故而，改变不良情绪和行为就需要转变不良认知观念。常用的认知疗法有合理情绪疗法和认知行为疗法等。认知疗法的逻辑关系与思路如图 5-4 所示。

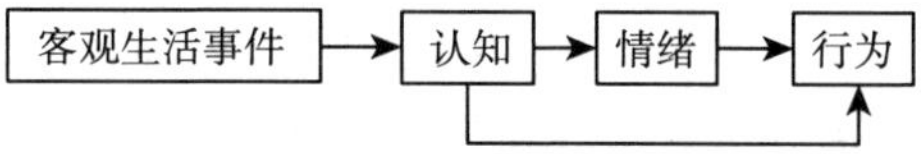

图 5-4　认知疗法的逻辑关系与思路

三、大学生心理咨询工作的模式建构

高校大学生心理咨询工作的模式建构与心理健康教育工作的模式相关联。在医学模式、教育发展模式、教育综合模式三种主要的建构模式中，后者的教育综合模式是目前大多数高校选择的工作模式。教育综合模式的教育对象是全体学生，其教育目的有两个，一是针对普通学生实现其心理健康能力的提升；二是对于筛选后的问题学生做到及时发现、干预或转介。所以，大学生心理咨询工作也同样需要完成这两类学生、两个目的的咨询工作，其模式的建构也需要从这个方面考虑。

如果以新生入学为始，一个学生接受的心理咨询服务会从心理普查开始。新生入学两周内需要完成心理健康教育中心准备的心理普查问卷，普查的目的主要是进行心理问题筛查。对于筛查“问题学生”的初次结果仅为参考，还需要由该学生的直接管理者（一般是辅导员）进行再次筛查。对于第二次筛查出的学生，可以通过两个途径对其进行心理访谈（非心理咨询）。一是接受学校心理健康教育中心的专业心理辅导教师的访谈，二是由各学院设置的兼职心理辅导教师进行访谈。这两个访谈的目的是了解和评估学生的心理健康水平，了解学生的心理健康需求。对于确实有咨询需求的学生，可以对其进行心理咨询，对于专业心理辅导教师解决不了的严重心理疾病，要及时完成转介。

另外，所有学生还会接受发展性心理咨询服务。发展性心理咨询服务包括大学生心理健康教育课程（含公共必修课和公共选修课）、心理健康教育活动及其他针对普遍问题的心理宣传和普及活动。具体的心理咨询建构模式如图 5－5 所示。

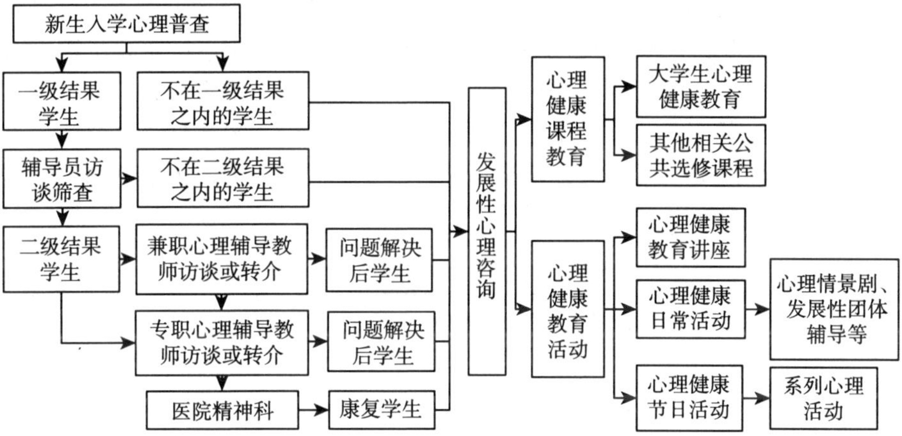

图 5－5　心理咨询建构模式举例

第三节　大学生现场与网络心理咨询的融合与创新

随着现代网络技术的发展，网络已经成为人们交流的重要平台。大学生作为高学历的年轻人，对于网络这样的现代化互动交流方式十分敏感，也非常喜爱，对微博、QQ、微信、抖音等常见社交网络的使用很普遍也很频繁。面对新的变化，适应时代的发展，适应大学生的心理成长与发展的需求，探索新型社交网络工具在心理健康教育中的应用，开展网络心理咨询，非常必要。

一、网络咨询是当代大学生的充分心理需求

大学生正处于情绪、情感发展不够稳定的时期，当面临学习、人际、恋爱、就业、个人发展、家庭关系等外在压力时，极易产生各种负面情绪。这些负面情绪如果不能及时表达，一直被压抑，长期积累，就有可能出现抑郁、焦虑等各种各样的心理问题和心理障碍。由于网络本身的私密性，大学生会更愿意选择在网络空间上表达他们的情绪。对于大学生使用网络空间表达情绪的现实状况，有研究人员对北京 22 所大学 221 名大学生微博用户使用新浪微博表达情绪的状况进行了调查研究。结果表明：通过微博发表观点或表达情绪是最主要的行为（74%），个人的心情感受是主要的发布内容（76%），这充分体现了大学生的网络态度表达和情绪表达方式是非常普遍的现象。因此，网络可以充分成为了解互联网用户思想和情感的重要渠道，网络心理咨询也是大学生喜欢和乐意采用的解决心理问题的理想方式。

由统计结果可见，积极情绪是大学生情绪表达的主要类型；在消极情绪表达时，也主要是一般程度的消极情绪，对于中度或高度消极情绪则有明显的抑制或掩饰倾向（表 5-1，表 5-2）。

表 5-1　微博情绪表达倾向的百分比

情绪内容	最小值/%	最大值/%	平均值/%	标准差
正性情绪	45.1	89.0	67.8	0.068
中性情绪	2.5	35.5	11.3	0.050
负性情绪	7.0	32.7	20.8	0.039

表 5-2　情绪表达倾向消极程度的百分比

消极程度	最小值/%	最大值/%	平均值/%	标准差
一般（−10～0）	4.4	17.8	12.2	0.022
中度（−20～−10）	1.5	8.8	5.0	0.012
高度（−20 以下）	0.4	4.2	3.6	0.006

大学生在微博上的情绪表达倾向存在显著的性别差异，女生更倾向于表达积极情绪，男生更倾向于表达中性和消极情绪；女生的积极情绪表达程度

比男生高，男生在一般程度的消极情绪上表达比女生多（表 5-3）。

表 5-3　情绪表达倾向百分比在性别上的独立样本 t 检验

情绪内容	平均差值百分比（男生均值-女生均值）/%	t
正性情绪	−3.85	−4.31***
中性情绪	2.77	3.99***
负性情绪	1.08	2.07*
一般积极	2.32	4.99***
中度积极	−0.17	−0.60
高度积极	−6.00	−7.44***
一般消极	1.11	3.79***
中度消极	0.18	1.10
高度消极	−0.14	−1.55

二、大学生网络心理咨询的特点及处理

网络咨询之所以被大学生喜欢，除了大学生自身的学习能力和适应能力强的原因之外，还与其有自身的优势特点有关，网络咨询的优势特点主要体现在隐匿性、便捷性、易保存和低限制性，与这些优势相对应的基础条件是咨询师技巧和艺术的提升及咨访信任关系的建立。

（一）隐匿性与信任关系

网络咨询中，个人私密信息的隐匿性使当事人的安全感更强，可以使其减少顾虑，较为自由地袒露自己内心深处的困惑，这对于惧怕面对面个体咨询的人来说更适宜。但这些网络咨询当事人希望隐去的信息在很多情况下正是咨询师想了解的，是其心理问题产生的原因或影响因素。所以在网络咨询中，需要咨询师以更高的咨询技术和咨访艺术，建立更加和谐、信任的咨访关系，才能更好地沟通问题和解决问题。

（二）便捷性与咨询成本

网络咨询不像个体面对面咨询那样对时间、空间有的严格限制，而是只要身边有可以上网的设备，咨访双方的时间合适，就可以进行跨时空的自由沟通。这种便捷性可以使一些学生的心理困惑在较快的时间内得到疏解，提

高了心理咨询的实效性。网络咨询提高了对咨询师的时间要求，高校心理辅导教师需要在每个学生需要的时间给予最好的咨询，帮助学生及时解决心理问题。这对咨询师来说需要更高的职业道德感和教师的责任感。然而，与需要提前预约、面谈的面对面咨询相比，网络咨询的成本大大降低了。但是，来访学生为此付出的努力和意志也打了折扣，这与成本付出理论的观点相一致。即对于低成本付出得到的东西和机会更不容易去珍惜。所以，应适当应用网络咨询的便捷性。例如，我们可以利用网络咨询的便捷性进行即时的网络或现场咨询预约，在约定的时间内满足学生的咨询要求，这种等待可以增加咨询的时间成本，增强个体对咨询机会的重视，对提升咨询效果也有一定的促进。

（三）资料的保存与保密

与传统的面询方式相比，网络咨询资料（特别是咨询记录）可以借助于现代化的手段保存得更为完整、更为客观和真实，也更有利于咨询后对个案进行再回顾和分析，以及对咨询师的指导和对咨询过程的研究，这对于提高心理咨询的专业水平大有裨益。但是，保存的便捷性也带来了网络资料的保密问题，网络资料比纸质资料更难以保密，且一旦网络资料的保存设备出现损坏或泄密，会有更大的损失。所以，对网络资料的保存更应该谨慎而妥善，必要的时候安排专人负责资料的保存和整理工作。

（四）人员的低限制性和高标准要求

短期的一般心理困惑是高校网络咨询的主要内容，加之其不受时空限制的特点，可以使更多的咨询师和朋辈咨询者加入进来，让更多的老师和学生成为心理助人者，这一定程度上可以缓解高校专业的心理咨询师不足的现实问题。同时，还要求各位咨询师和助人者明确自身的职责范围，在遇到自身解决不了的心理问题和心理疾病时要做到及时转介。

另外，还要克服一些网络心理咨询的固有限制，如技术条件、咨询质量、真实性及咨询关系的确定等。

（五）网络技术条件限制

网络心理咨询除了需要咨询双方熟练地掌握相关网络操作技能外，由于受到互联网技术本身的限制，在咨询过程中还会出现服务器不稳定、网速慢、病毒干扰等问题。所以，对于这些在网络心理咨询中可预见、可能出现的问题，应尽量避免并在咨询伊始与网络来访者说明、沟通好。

（六）咨询质量受到限制

网络咨询难以建立安全稳定的咨询关系，难以判断来访者信息的真实性，缺乏真情实感的互动，使得咨询师难以把握来访者的深层心理变化，难以进行即时性的评估和咨询方案的随时调整。加之网络本身技术条件的种种限制，使得网络心理咨询的质量难以得到保证。

（七）真实性难以确认

因为网络咨询多为匿名咨询，因此对于来访学生所谈的问题是其本人的问题还是故意编造出的问题，所描述的情境是否真实，都不好确切判断。而且对于非即时的留言咨询，由于有了充分的准备时间，对于文字可以加工修饰，一些真实的信息会被遗漏，也感受不到当事人即时的情感反应，其真实性受到了限制。即使是即时咨询，也不可能有面对面咨询那样的人与人之间互动的真实感受。情绪感受是最能反映人真实内心活动的，因此网络咨询不及现场咨询的真实性更强，这是网络心理咨询比较难以克服的现实问题。

（八）咨询关系难以稳定

由于网络咨询的自由选择度大，随机性强，对于一些自控性较差、意志力不坚定，或咨询过程中阻抗的网络来访者难以维持咨询关系。特别是有些来访者在咨询过程中，触到其内心痛点时就想逃避，不能面对问题的本质，随意中断心理咨询，使得咨询师无法介入。这些情况，都使得安全稳定的咨询关系难以建立和维系，也会很大程度上影响网络心理咨询的效果和质量。这就需要咨询师在咨访关系建立之初，就和来访者澄清利害关系，最好得到网络来访者的承诺与保证，以尽量保证网络咨询的质量和效果。

三、高校网络心理咨询的常见方式

近年来许多高校在运用网络咨询上都做了创新性的探索，归纳起来，主要有以下几种。

（一）网络社区

网络社区是指包括论坛、贴吧等形式在内的网上交流空间。在这个空间里，可以提出一个个人困扰的问题，大家就此各抒己见，也可以展开争论和辩论。由于是多人参与，每个人从不同视角发表自己的意见，有助于扩展思维，不但使提出问题学生的心理困扰得到解决，也使参与的同学从中获得学习和启发。从严格意义上说，论坛、贴吧等网络社区不是心理咨询的平台，只是一种学生倾诉的平台，在一定程度上可以起到现场倾诉的效果，帮助学生缓解不良情绪，获得人们对于某项问题的其他解决方式，起到开阔思路和思维扩展的作用。

（二）即时咨询

即时咨询是咨访双方在约定的时间通过聊天软件进行的即时沟通。有的使用视频和音频交流，也有的是文字沟通，还有的是通过社交平台沟通。这种即时性的咨询互动性强，情感反应敏锐，相比非即时性咨询来说，咨询师能够在沟通过程中随时评估来访学生的状况，随时调整咨询的进程和咨询的方法，也能评估咨询的效果。

（三）非即时咨询

非即时咨询也叫非同步咨询，主要包含电子邮件咨询、论坛留言咨询、微信留言等。由当事人提出问题，咨询师针对这些问题给予回复，进行疏导。这种非即时性咨询的方式，不受咨询时间限制，不需要即时领会对方意图作出反应。咨询师经过仔细思考分析，充分准备，可以更加准确把握问题。而且，因为没有即时性互动那样的紧迫感，咨询双方都比较放松，容易谈清问题。不足之处为太过于理性思考，相比即时性咨询，缺少了即时性的互动，缺少了即时反应的灵活性、真实感。

（四）网上预约咨询

由于网络的便捷，许多学校采取网上预约咨询。这样免去了学生因为上课时间或所在地点的限制，可以随时在网络上进行面对面的咨询预约，为大学生心理咨询带来了便利。

（五）网上自助咨询

网上自助咨询有两种。一种是广泛普及型的。一般通过心理咨询中心的网络空间，介绍各种心理健康知识、心理书籍、心理电影和学校开展的各种心理健康教育活动等；学生可以选择自己最需要的内容来发展心理适应能力，获得心理成长。另一种是菜单式自助。即针对大学生常见的心理困惑、心理问题及相关话题，设立心理健康知识和心理调节专题，例如新生适应、考试焦虑、人际交往、恋爱、就业择业等，学生可根据个人需要，进行学习和自助。

四、高校网络咨询的设置及要求

网络咨询如同双刃剑，尽管有局限，但是高校不能因此放弃使用这个被大学生普遍喜爱和使用的现代化的咨询方式，相反应当在实践中不断进行规范、完善，尽量规避它的不足，更好地运用它，为大学生的心理健康发展服务。网络咨询适用于一般心理困扰，适用于发展性心理健康教育。因此，对于治疗性心理咨询的对象，咨询师要及时识别，并及时转介到咨询中心进行面询，或按照心理危机的干预程序，及时转介到精神卫生机构。

我国网络咨询开展时间较短，目前还缺乏完善的伦理规范，随着网络咨询的发展，我们要借鉴国际上已有的网络咨询原理，通过实践探索，制定适合我国实际的高校网络咨询伦理规则。

第四节　大学生心理咨询工作案例

心理咨询案例是理论在现实中的切实应用和体现，是实践结果好坏的重要决定因素。通过总结自身现实的心理咨询案例，期望为读者展现一个更丰富、更现实的心理咨询世界。没有哪种理论是解决心理问题的万能钥匙，每个心理问题都有许许多多的解决方法。咨询师和心理辅导教师要做的是帮助来访者找到适合其心理问题或心理症状的恰当解决方法，以顺利解决问题。

一、格式塔疗法改变大学生抑郁情绪的案例

弗雷德里克·皮尔斯所发展的格式塔疗法，旨在通过引导来访者察觉自己当时的体验和做法，了解一些足以修正自我知识，学会如何应对自我情感、思维和行为，来达到领悟和问题解决的目的。

抑郁是一种很常见的情绪体验，很多时候是由于自己不能面对现实，不能从整体上看待问题，停留于片面现象的思维所致。运用格式塔疗法使来访者勇于面对现实，用整体的观点看待人和事，通过转变看问题的视角来达到消除抑郁情绪，实现情绪调控的作用。

（一）来访者情况

小A，女，20岁，大一新生。父母务农，经常吵架。家里有一个比她小12岁的弟弟。在2岁的时候被送到县城的姑姑家抚养，没有自己单独的

房间，和奶奶住在一起，一直到初中。姑姑家有一姐姐，比她大3岁，大学毕业，已工作，即将结婚，与小A关系较好。姑姑工作稳定，姑父在事业单位工作，家庭经济情况较好。

虽然姑姑对小A很好，可小A仍然有寄人篱下的感觉，自己的事情从来不敢跟姑姑家人说，从小非常羡慕可以在家人面前撒娇、诉说心事的姐姐，而自己的心事只能对奶奶说。去年，与自己相依为命的奶奶去世，小A突然失去了倾诉的对象，失去了自己最亲的人。一次，小A回到家里，又发现父母吵架把所有的东西都砸烂了，家里一片狼藉，自己更加孤独，觉得自己是一个多余的人。今年“十一”放假回家，父亲重新装修了房子，弟弟提出没有她的房间，突然意识到自己一直是无地可容的人，觉得生活没有意义。经过挣扎后主动咨询，想改变自己孤独、郁闷和伤心的情绪状态。

经咨询师的观察发现，来访者（小A）说话条理性很强，词语表达清晰；衣着整洁，情绪抑郁。初次咨询带来一份有关自身情况的详细描述资料，细致描述了自己的症状表现、成长经历、性格特点以及对自我出现当前状况的原因分析。但谈话中有明显紧张，话不多。SDS测试总粗分为48分。

（二）咨询方案

部分与整体联结，了解和关注现在的表现如何，远比注意为什么重要。格式塔疗法治疗的目的并不在于分析原因，而是在一个整体观念之下，引导来访者学会整合心理的内在冲突。格式塔疗法相信个体有处理自身问题和自我觉察的能力，只不过由于个体的狭窄观念或视角使得这种能力在此时此刻发生了偏差。如果引导来访者关注此时此刻的体验，强调自我充分学习、认识和感受这一刻的体验，不去过度留恋过去，并说出自我的故事，完成倾诉，找到过去未完成的事件使其完成或弥补，就能起到治疗的作用。

觉察是使来访者了解现在的自己是一个怎样的人，不去纠结自己应该成为一个怎样的人，从而使其认识到更多改变的可能性。所以，咨询师的一个重要目标是帮助来访者提高察觉和体验能力，了解和认识此时此刻的自己。另外，咨询师要帮助来访者找到未完成事件并帮助其完成。正是由于个体没有知觉到或体验到未完成事件（经常是未表达的情感），而这些事件则会在无意识中被带入现实，从而影响来访者的现实体验和行为。所以，咨询师的第二个重要目标是帮助来访者完成以前未完成的事件或情感表达，使其事件达到完整化，使潜意识中的未完成事件进入意识层面。

（三）咨询与分析过程

在前两次咨询过程中，确定具体咨询方式和咨询目标等内容，明确双方权利义务并要求按时按质履约。在信任关系建立的前提下，调动来访者的内部心理资源，实现自我探索，自我了解和自我接纳。在这个过程中，小A第一次对外人详细地谈及了自己的成长经历、家庭关系和内心体验。小A谈到了当自己看到别的小孩可以跟父母在一起时的伤心、无奈和无助，看到自己父母吵架后家里一片狼藉的伤心、害怕和气愤，并表达了希望通过咨询调整情绪，面对现实，可以开朗、阳光地安心学习的迫切心情。在此过程中，咨询师利用相互作用和共情技术分享了自己在童年阶段的感受，以及对于来访者在小时候所受到的伤痛经历的同感。来访者在此过程中实现了初步宣泄，较为深刻地倾诉和初步自我意识水平的提升，并缓解了小A的紧张和焦虑情绪。

第三至第五次咨询过程中，先让来访者（小A）谈咨询以来的感受，然后介绍了皮尔斯的格式塔疗法的理论，明确了各咨询阶段的方向。通过重新经历和体验过去应激事件中的情绪情感，发泄自己未发泄的情感。这一阶段主要通过对话练习将来访者原本否定的不愿接受的情感重新再认识，并且将这些再认识整合进自己的思维方式。在这过程中针对小A与父母之间的关系，应用了角色扮演的方法，与父母进行了想象交流。让小A分别扮演当时的自己和与自己交流时的父母，完成了小A在该事件上的宣泄。

小A：你们为什么在我那么小的时候就把我送走？我每次问你们都是对我搪塞，到底是为什么呢？

父母［小A］：那是为你好，我们家当时很穷，觉得你到姑姑家能过好的日子。当时我们在家连馒头都吃不上了。

小A：我从来都没有嫌过你们，我只是想跟你们在一起生活，我看到别人家的小孩跟自己的父母在一起时，心里有多难受，你们知道吗？（大哭）

父母［咨询师］：我们从来不知道你是这样想的，你也从来没有跟我们说过这些事。其实我们心里也是非常挂念你的，我们也知道，你在姑姑家一定不如在自己家好。可是，我们当时真的是太困难了，如果你在家的话，我们没法照顾上你。再说，当时，我们的关系也不是很好，这是我们的错，我们对不起你。

小A：你们关系不好为什么结婚，为什么生下我，生下我又不管我，就我自己是多余的人吗？（哭地特别伤心）

父母［咨询师］：（默默地走到伤心的小A面前，轻拍她的后背，慢慢地说）小A，是我们错了，是我们对不起你，你能原谅爸爸妈妈吗？

这时，小 A 痛快地哭了出来。此时，积压在心里近 20 年的委屈终于爆发出来。同时，小 A 和父母之间感情的坚冰也将会慢慢地融化。

在这次咨询中，小 A 完成了一件最重要的未完成事件。在以后的咨询中，通过对其他心结的再现完成未完成事件基础上的情感整合，实现重新认识和接纳，使小 A 对父母也有了新的理解，加深了和父母的感情。

第三次咨询后，咨询师建议小 A 进行了人际交往系列的团体辅导，在团体辅导中借助群体互动的力量体会和分享社会角色，觉察和实践人际交往技巧。其间，小 A 体验到了被他人赞美、接纳和喜欢的感受，锻炼了人际交往能力，学习了人际交往的方法。尤其是了解了依恋理论的内容，得知了儿童与父母的依恋关系对儿童成长的作用，还做了“接受父母”的意向练习。小 A 能够客观地看待自己与父母的关系，并从内心深处原谅了父母，第一次对父母提出了自己的要求（要有属于自己的一间屋子），跳出了原来关系的束缚，建立了新的关系。

第五次咨询时，小 A 高兴地告诉咨询师，她主动给父母打电话了，父母对自己嘘寒问暖，感觉自己心里很舒服。虽然，小 A 还是不知道当时父母送走自己的具体原因，但是已经能够理解父母的苦衷，也愿意等父母在时机成熟时主动告知自己。另外，小 A 还表示父母的关系也改善了很多。

经过这五次咨询，小 A 明显感到轻松了很多，情绪状态有明显好转，觉得自己已经是一个阳光女孩了，对生活充满了信心。最后的 SDS 抑郁症状测试显示其总粗分降到 28 分，无明显抑郁症状。

训练结束后，小 A 表示对心理学产生了浓厚的兴趣，刚开始还会找咨询师谈自己的一些困惑。

（四）小结

觉察发现和改变是咨询效果得以保证的前提。通过心理咨询，小 A 觉察和完善了事件的全貌，更新了自我认识和对往事的领悟，尤其是改变了对其生命中关键人物（父母）的看法。这个过程使其观念和行为得以调适（Accommodation），心理咨询过程使小 A 发现了自己思维的局限，并在咨询师的支持下逐步开始对自身经历事件全貌的觉察，通过对未完成事件的完整化去理解父母。在最后实现同化（Assimilation），把在个案咨询中学习的技巧应用于团体成员的交往中，主动做事，不再被动，并逐渐树立信心。

二、森田疗法改变强迫观念的案例

强迫观念的个体总是感受到一些刻板的、不必要、不恰当的观念和意识反复出现，即使通过自身意志努力也难以抑制，从而体验到强烈的紧张、不安和严重的内心冲突。森田疗法“顺其自然，为所当为”的理念和技巧能够指导强迫个体接纳现实，顺应自然规律，做“当为”“怕为”和“度为”之事。

小B，男，大一学生，在将近7年的时间里，学习时不能集中精力，上课总是胡思乱想。比如，说几年之后自己就会死了，自己死了家里人怎么办；世界对于我有什么意义；我为什么活着等的想法。每当自己有这些想法的时候，虽然明知自己不该这样，想克制，但每次都难以控制，以致最后心情烦躁紧张，非常想大喊一声或突然剧烈活动一下来停止。但由于在课堂上不能随心所欲，所以特别难受以致紧张、焦虑。这种状况有时会持续一节课甚至一上午，自己非常苦恼，严重影响了学习和生活。几年来成绩也就可想而知了。小B中考失利，虽然幸运考上了高中，可是这种持续的状况使自己的成绩每况愈下，高考成绩也并不理想，最后上了个专科，和那些考上本科的同学在一起时，总感觉低人一等。

（一）森田疗法的诊断

森田疗法认为强迫观念使人痛苦的原因是个体刻意地、强制性地去除某一涌现在意识层面中的特殊观念或想法，当这一去除行为无法完成时，就会引起内心的焦虑、紧张和恐惧等负性情绪或体验。小B的症状是总有某些不可思议的想法涌入自己的意识，且自己明确知道不应有这些乱七八糟的想法，想努力克制这些不应该的想法，可就是不管怎么努力也无法驱除；由于长期无法改变，导致一系列的内心冲突和行为表现。

（二）可能的原因

1. 生理因素

通过谈话得知，小B在1岁时曾得过持续一年的严重伤寒，这使得他在以后的几年里体质都不好，时常与各种药物相伴。外出时天气不能太冷也不能太热，活动量不能太大，风一吹或一出汗都让他身体难以承受。

2. 家庭教育因素

小B排行老二，是父母的老来子。有个姐姐比他大12岁，平时也像父母一样，时时刻刻都照顾、呵护他。父母对他更是溺爱，对他关怀备至，服务周到。基本是衣来伸手，饭来张口，平日里对他都是走到哪跟到哪，很少让小 B 单独外出或与小朋友一起玩耍。家里经济状况很好，父母都是高级知识分子。小 B 吃穿不愁、享受关爱的同时，家庭也给了他很多的压力，如希望他出人头地，好在同事面前挣得面子。平时对他的学习成绩极为关注，也为他报了各种的辅导班，但小 B 对这些并不喜欢。

3. 自身因素

小 B 在这痛苦的 7 年里，其实不是与强迫症做斗争，而是在与精神拮抗作用做斗争。他总把这些身心现象视为于己不利或令人不快的消极的东西，企图全部排斥和否定。而这种精神拮抗作用正是强迫症状顽固的重要原因，即越想去除它就越关注它，它就越存在。

（三）森田策略

1. 顺其自然

森田疗法用顺其自然的策略来应对拮抗作用，要求个体顺应强迫症状背后的情感，使背后压抑的情感得到承认、疏通和处理，遵循情感发展的自然规律，而不是控制和驱除情感。而由强迫引起的焦虑、紧张和恐惧情绪，如果个体不去过分关注，不去过度意识，它就会自然减弱，甚至消失。而真正实现顺其自然可以通过以下方式来实现。

（1）接纳现实，事实唯真

小 B 的强迫意念背后一定有个内心冲突，即目前症状与内心想法（认为自己不该这样）的冲突。森田疗法认为这需要顺其自然，即要接纳自己一系列症状以及由这些症状引起的情感，接纳这个现实。因为头脑中引起冲突的根源是自己造成的，是自己对现状的不承认、否定和排斥造成的。即使是正常人，也有内心的冲突，将一系列症状及冲突看作是自己正常的表现，不去一味地否认和排斥才会让冲突有所减少。小 B 头脑中的强迫意识和冲突就像存在于头脑天空中的乌云，停止一切抗拒和控制的努力。因为如果非要去和强迫情感进行搏斗与纠缠，除了增加烦恼和痛苦还会使强迫症状增加。所以，不管这场头脑与乌云的游戏啥时间开场，个体要让自己作为一个看客，甚至要学会只是看着它“游戏”，甚至可以去欣赏它。

（2）敏锐的觉知，及时退出

头脑中的冲突被诚心诚意的接纳后，还要求被敏锐的觉知。之所以不能控制自己头脑中的无意义的想法胡思乱想，是因为个体太在意这种痛苦的感受了，这种在意和参与恰恰给了强迫症状赖以存在的力量和营养，可以让它不断地持续下去。所以，小B要改变做法，从挣扎游戏中退出，将参与者变为观看者、欣赏者，给它充分的自由，任其自由发展，直到其灭亡。

2. 为所当为

在顺其自然的基础上对行为加以控制，通过控制行为以间接调控情感。而恰恰病态的只是行为本身，而非个体的人，人还是正常人。所以，个体需要去做现实生活中有建设意义的、现实的、能有一定实用效果的事情，以改变之前无意义、无效果的强迫行为。在为所当为的过程中需要注意三点。

一是需要用无所谓的心去做有所为的事。即要求忽视强迫症状带来的痛苦体验，带着不舒服的体验去做积极的、现实的、有建设性的事情。如小B的强迫思维症状需要个体不要总去关注症状，而更多的是该做什么做什么。面对自己的强迫意念，自己要忍受、要接纳、要欣赏，不去关注这些症状，保持无所谓的心境。但是不能只沉浸于这些症状中，要在这种心境下，让自己有所为，该干什么还干什么。再比如说，学生就应该要学习、参加各种活动、帮助老师管理好班级等。小B是个大学生，大学生该干的事情多了，要给自己制订有效的计划，并且有步骤地去完成。

二是要为所"怕"为。生活中有很多的事情，人们在做的时候都很难，做之前都会先有"怕"的思想。但是正常人会在经过理智的分析之后去做，并且经常会做得很好。但是有强迫症的人却不会经过理智分析，他们因"怕"而不去做。比如，针对其"怕与别人交流"的问题，制订了一系列与人交流的计划，先从与人打招呼开始，然后再与人交谈，逐步进行，最后达到能够交流和表达自己的观点。

三是需要保持好"度"。即不逼迫自己，要把握好事情的限度，只要自己在一定的限度内达到要求即可，在限度内接纳自己的症状。如，针对检查锁门强迫行为，不必达到一次也不能检查，即便正常人不也是会检查几次的吗？所以，不能要求小B突然一点强迫意念也没有了，这是不可能达到的。因为不想或想太多都会引发系列的躯体症状。允许其在一定限度内保留一定的强迫意念，才是现实而可行的结果和要求。

第六章　大学生心理健康教育研究

科学研究与大学生日常心理健康教育教学工作相辅相成。科学研究可以将日常教育教学工作的经验进行总结和升华，升华和总结后的经验又可以反过来指导大学生日常的心理健康教育教学工作。与其他领域的研究一样，心理健康教育研究通常使用的研究方法也是规范研究法和实证研究法。心理健康教育教学研究的领域比较丰富，无论其研究内容是什么，使用了什么研究方法，研究结论与研究假设为正向还是反向，其最终目的都在于提升群体或个体的心理健康素质。这与公共卫生健康促进与健康教育领域的目标一致。作者及其研究团队在多年的研究中积累了较多的研究成果，这些成果可以一定程度上体现公共卫生健康促进与健康教育视角的心理健康研究内容和领域，也能够反映出一定的研究方法的差异。

第一节　高职大学生心理健康教育的规范研究及案例

规范研究法通常根据心理健康领域各因素的内在联系，运用演绎逻辑推理来获得个体或群体心理健康规律和结论，往往是从理论出发，探究心理健康领域“应该怎么样”或“应然”问题的方法，是一种指导心理健康领域判断和决策的行为方式。

21 世纪前 20 年我国大学生心理健康教育工作的发展趋势研究中，从我国发布的大学生心理健康教育相关政策、文件入手，分析出其独立性与融合性协调发展、专业化与大众化交相呼应、标准化与规范化齐头并进的发展特点，得出启示：21 世纪前 20 年，大学生心理健康教育的迅猛发展，得益于科学的理论指导、与时俱进的思想、结合学生实际、专业化的师资和良好的环境保障等。

通过对多年的心理健康教育教学工作经验进行思考，本着教育性和发展性、实用性和指导性、前瞻性和操作性的原则，就当前大学生心理健康教育改革内容、改革形式、改革的理论基础、改革效果评价及改革模式的推广等问题进行思考，作出相应的改革规划，并画出改革发展的规划图；针对个体职业生涯的发展特点，总结出职业生涯的发展轨迹。以下都是大学生心理健康教育研究的规范研究案例。

一、职业生涯的发展轨迹

顺利的职业生涯发展之路带给人们成功的同时，更重要的是正性而积极的心理体验。在这份职业中，满足基本生存需求自不必说，安全、尊重、归属与爱的体验更是高校心理健康教育工作者从事和维持这份职业的重要因素。在此基础上，达到自我实现的程度。然而，现实生活中，总有非常多的人对自己的职业并不满意，因为这份不满意，会有人转行、跳槽甚至放弃工作。

其实，职业生涯本质上是个体与职业环境交互融合的过程。这个过程如果融合好，工作环境会越来越好，工作环境中个体的积极心理体验会更多，关系会更和谐、更平衡；而这个过程融合的不好，就会出现抱怨、牢骚、矛盾、冲突，甚至分道扬镳。

在这过程中，如果不和谐的因素来自自身，那么一些个体会通过努力改变自身从而获得关系的协调。如在工作环境中发现自身学历（或技能）水平不高而导致享受不到一些资源，导致心理的不平衡，那么，这些人会在维持工作现状的前提下寻求学历（或技能）的提升。说明推动个体与职业环境和谐融洽的推动力主要来自个体自身。而如果个体判断不和谐的原因主要来自职业环境本身（如环境的硬件设施、自然气候、人际圈子等），且改变无望时，更可能会导致个体的离开。这也是目前很多管理者尽其所能吸引和保持人才的主要思路。在招聘条件中列明薪资待遇的同时，还会说明工作的硬件条件、环境气氛与和谐的团队等。

排除外在环境因素的影响，从个体职业心理发展的视角来看，其实我们的职业生涯是有可推敲的轨迹。这可以从职业意识的萌芽与发展中找到蛛丝马迹。在我国文化和教育背景下，个体的职业意识发展大致可以分为三个阶段，按照这三个阶段可以将人们分成三类人。

第一类人的比例较小，他们的职业选择与小时候职业意识的萌芽相一致。即从小时候的职业意识萌芽开始，他们就在为目前所从事的职业，为现在所做的工作做准备。所以，等他们正式进入职业角色时，他们的工作热情是高涨的，工作准备是充分的，甚至工作环节和步骤是清晰的。故此，新身份、新环境带来的适应是良好的，与职业环境的关系自然也会是和谐的。

那么，如何判断孩子的职业意识是否萌芽了呢？其实方法很简单。观察一下你孩子做的游戏，回忆一下你童年时期的游戏经历。那些孩子热衷的，乐此不疲、永不厌烦的游戏类型，其实就是职业意识的萌芽。比如，一个孩子反复多次地做着“过家家”游戏，扮演者爸爸妈妈照顾孩子的角色，反复搭建着倒塌的积木，不厌其烦地画着画……这些都是孩子的职业意识在萌芽。这种萌芽虽然还不太确定具体的职业，但其职业的大致方向已经明了。此时，家庭教育本该做的是鼓励并发展孩子的职业意识，推动其成年后的职业抉择与其自然天性相关联。或者，哪怕不推动，任其自然发展也可以。但更多的家庭教育往往会用父母的意愿潜移默化地影响孩子，使其最初的职业意识按家长的意愿发展下去。此时，这个孩子就变成了第二类人。

第二类人的比例较大。不管个体自身有没有萌发职业意识，在他们的职业发展过程中更多受到了家庭教育，确切地说是家庭职业观念的影响。家庭成员对自身职业和其他职业的观点通过言行在日常生活中常年累月地对孩子施加着影响，孩子在这种潜移默化中将家庭成员等环境中的职业观念内化到自己的职业意识中，影响最终的职业抉择。

这类人中的职业抉择经常会出现代际传递现象。即孩子选择了家庭成员的职业，几代人都从事同一职业。这种代际传递很大程度上受到家庭成员对自身职业评价的影响，如家长热爱自己的职业，孩子也会喜欢这个职业，从而出现代际传递（当然，这是排除中国文化中人情因素的说法）。

但教师这个职业是比较例外的情况。如果孩子家庭成员中没有从事教师职业的，那么，孩子对教师这个职业的意识主要来自中小学等机构的教师关系。就是说，如果一个孩子在其求学生涯中遇到自己非常喜欢的教师，那么教师更可能成为其未来选择的职业；反之，如果遇到的老师与其建立的关系都不好，那么这个孩子选择教师作为自己职业的可能性会很小，这会是自然而然的结果。

第三类人的比例是最大的。这类人的职业选择主要受到社会需求的影响。在社会的发展变化中，对职业的需求总会有些变化。如房地产行业发展的时候会需要大量建工人才，在人工智能时代需要很多的计算机人才，国家人口政策医疗政策变化的时候则对幼儿教师和护理人才的需求增大。大量的高中毕业生在高考专业选择时会考虑到就业的因素而选择热门专业，从而满足社会的专业和人才需求。

然而，这种选择经常会与个体自身实际情况，尤其是心理特质不相符合。于是，在大学生中会出现学习一段时间想转专业，或跨专业升本考研等情况。例如，有一个学生高考时报考化工专业，但学习一年后发现实在不喜欢这个专业，于是转到财务管理专业学习两年，考研的时候才发现教师才是自己喜欢的职业，于是又跨专业考了教育学这个专业，最终做了一名中学教师。这个学生在 6 年的时间里涉足了三个跨度很大的不同专业，实际上是在寻找自身与职业关系的契合点，想努力达到自身特点与职业的融合。值得庆幸的是，这个学生最终找到了适合的职业，达到了自身与职业的和谐。

但是，还有很多人，直到从事这个职业之时也没有找到这个契合点。于是，在工作过程中，除了产生心理的负性体验之外，还会花费很多时间才会达到与职业的融合。在此过程中，出现负性生活体验的情况会增多，对个体心理承受能力的要求也会增高。

总结以上三种情况，其本质都是个体自身特点与职业的关系问题。三种情况的最终目的都是要寻求两者关系的融合，达到两者关系的和谐与平衡。不过，这三种情况下，个体为职业抉择的准备期是依次递减的，与内化职业关系所用的时间是依次递增的，与职业关系达到和谐的程度有差异。虽然，绝大部分人在最终的职业关系中基本会是和谐的，但从有利于心理健康的角度，从自身发展的视角，我们还是希望能够减少职业抉择中的负性因素，尽量减少职业磨合中的负性体验，尽早确定职业方向，最好使我们的职业方向与最初的职业萌芽相一致，或许我们的烦恼会少很多。

所以家庭教育中需要关注孩子职业意识的萌芽，培养和发展孩子的最初的职业意识，支持孩子职业意识的发展；职业准备期的大学生需要了解自己的真实职业需求，为进入职业角色做好准备；而处在职业磨合期的成年人，则需关注自身职业能力，了解自身心理特质，尽快建立自身与职业环境和谐、平衡的关系。

二、绘画作品是与作者心理世界的联结

每一幅图画的背后，都有一个生命的故事，都是作者内在心理世界的反映。那么，绘画作品为什么与心理世界有如此密切的关联呢？可以从三个方面进行解释。

第一个解释来自精神分析的潜意识理论。绘画作品是人们表达自我的天然有效工具，是人们潜意识的直接表达方式。画家、艺术家的作品之所以金贵，不是因为作品多么的真实，画得有多像，更多的是因为作者在通过作品表达自己的思想和内心世界。而这种思想与内心世界越能引起观画者的共鸣，作品就越被喜爱。从这个角度来看，每一幅作品都是公开的隐私，都是

作者与欣赏者心理特质与潜意识的交流与共融。

第二个解释也是源于精神分析理论的思想，即投射。绘画作品是作者内在心理世界，特别是心理潜意识的外在投射，是意识与潜意识的一种联结。且这种投射的防御较低，可以在不知不觉中更为准确地体现作者的深层心理世界，如动机、情绪、冲突、价值观和愿望等。

第三种解释属于信息加工理论，即人们在创作的过程中，其实是在进一步地理清思路，是对自己接收到的已经内化的信息和心理世界的再加工过程。作画的同时可以进一步弄清楚自己的意识想要表达的和潜意识预表达的心理内容。所以，绘画作品所传递的信息量比语言表达要丰富得多，表现力也更强，且能够把无形化有形，把抽象化具体。

可见，前两个解释的方向是单向的，即内在世界通过绘画作品表现出来，进而让作者和欣赏者意识到。而第三种思路则是双向的，即绘画既是作者内在心理世界的反映，又可以影响作画者的心理世界。我们可以通过这个思路，对作画者的创作过程进行干预，进而影响作者的心里世界，从而实现心理健康促进的目的。这也是一些通过专业绘画比赛对大学生进行心理健康教育的理论解释。

如学前教育专业可以通过绘画和手工比赛引导学生体会幼儿的童真世界，因为这样可以帮助他们在日后的工作中实现想幼儿之所想，真正为幼儿服务。再如医护专业可以通过绘画人体解剖画来引导学生体会人体奥妙，感悟大道医德，建立自我与身体的生理内在和心理内在的关联。而这些又都是职业素养的体现。

三、影院观影行为的心理学思考

影院观影行为是指影视观看行为和影院消费行为。观看行为是指观看过程中的影片刺激、心理体验及行为表现；影院消费行为则指购票行为和其他相关产品的购买行为。

（一）观影行为是心理行为理论应用的再应用，包含的再包含

心理行为理论是一般消费行为理论的基础。如1966年Nicosia在《消费者决策程序》一书中提出的尼科西亚模式，Engel、Kollat、Blackwell在1968年提出的EBM模式，1969年的Howard－Sheth模式，1990年的Mullen－Johnson模式，1991年的Schiffman－Kanuk模式和1996年的Philip－Kotler模式等经典消费行为模式都与心理学家Watson的S－R模式，Woodworth的S－O－R模式和Tolman的“输入-黑箱-输出”模式等

经典心理行为理论相一致。这些理论年代久远、发展成熟，在一般消费行为和营销中被广泛使用。

观影购买行为理论又以一般消费行为理论为铺垫。观影购买行为理论有两条渠道来源：一是同文化与艺术消费行为一样，借鉴一般消费行为理论，进行模型建构；二是结合自身消费行为的特点，对观影消费行为的相关影响因素进行分析，从而建构模型。如曹楠楠（2017）借鉴希夫曼-卡纽克模式对国产大电影的艺术消费行为进行分析；龙兰（2018）使用科特勒模式，结合电影消费的互联网时代实际，构建了电影消费者购买决策模型；唐中君等（2019）则根据一般消费行为的决策过程融合 Bass 模型构建了观影的三阶段五过程模型。

可见，相关研究的理论研究呈现“心理行为理论—一般消费行为理论—观影行为理论”的发展特点。即将心理行为理论应用到生产角度研究一般消费行为，再扩展到包括观影购买行为在内的其他文化和艺术消费行为。三者之间的关系是应用的再应用，包含的再包含关系（图 6－1）。

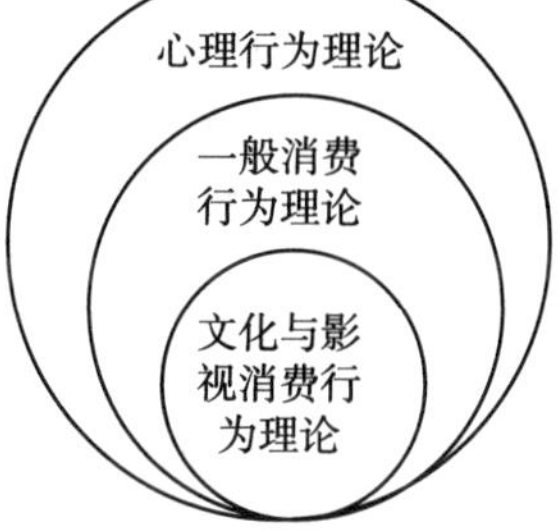

图 6－1 理论关系图示

（二）观影行为的研究视角以影视生产和消费营销的独立研究为主

站在影视生产的角度研究观看过程，消费营销的角度研究影视购买行为是当前研究的明显特点，目的在于刺激观众的消费行为。

影视生产角度的研究分成两大阵营：生产者阵营和观众阵营。生产者阵营的研究从影视制作的视角探讨剧本（黄勇，2022）、音乐（童玲，2022）、人物（叶任豪，陈海燕，2022；李芳瑶，2021）、色彩（陆瑶，2021；李莎，2022）和光效（汪举仁，2022；金贵荣，杨荣誉，2022）等等；观众阵营则从观众心理的角度研究影片与观众审美（陈晨，2018；宇晴，林进桃，2019）、认知（卢康，2020；张晓峰，2021）等心理的契合度。两大阵营的研究都以影视生产是否能满足观众需求为目的。

消费营销角度的研究则以消费者购买的影响因素和过程为主进行研究。

如夏卫国将影视消费行为分为观影的前、中、后三个阶段和产生观影需求、收集影片信息、分析和选择、决定观影及观影后评价五个过程。丁峰则将影视消费模型分为相互作用的决策前外部刺激、消费者进行决策及消费者决策实施三个过程。

可见，影视生产角度和消费营销角度的观影行为研究是独立的两个方面，在研究中并无交叉。无论研究内容如何，研究目的均是使影视作品为观众所喜爱，刺激观众的消费行为。

(三) 观影行为的研究是“作品—观众”的研究路径

观影行为的研究中，不论是影视生产视角，还是消费营销视角，两个独立的研究视角其目的都是从作品的角度出发，刺激观众的消费行为。其研究路径是由作品向观众的。如夏卫国和丁峰的研究中均没有发现观看过程行为的内容。在其观影的前、中、后三个阶段和产生需求、收集信息、分析选择、决定观影及观后评价的五个过程，以及决策前外部刺激、消费者进行决策及消费者决策实施的三个过程中，都没有观看过程这一内容。

可见，观众观看影片过程中的行为没有被重视，但观看过程恰恰是影片是否被观众接受的直接表现，其观看过程的体验和感受也直接影响观众的情感卷入和观看后的消费行为。这种真正回归观众个体心理层面的“观众—作品”路径的反馈研究的缺乏，其原因与“观众—作品”研究实际效果的潜在性和时效性有关，反馈路径的研究不如“作品—观众”的研究来得直接，目的性更强，刺激效果和时效也更明显。然而，“作品—观众”的研究往往脱离不了片面和普适性弱的缺点，其研究结果无法适用于其他影视作品，发现不了观影行为背后的本质规律。

(四) 观影行为影响机制的研究来自一般消费行为研究的经验

购买行为的研究主要探讨各种因素对购买行为影响，其因素主要有：个体心理与环境因素、个人和心理与社会因素、内部输入与外部输入、经济社会个人和认知因素（黄会林等，2021）等。然而，这些研究的理论或模型均来自一般消费行为研究的经验：如对卡夫曼—卡纽克模式的借鉴（曹南南，2017）和对科特勒模式的继承（龙兰，2018）。

这些观影行为的研究，往往根据某部影片的具体情况将一般消费行为研究中的影响因素或变量进行替换，对观影行为进行嫁接性的研究，这会出现“旧瓶装新酒”或“换汤不换药”的局部效果，降低研究的创新性和普适性。同时模型中因素之间的关系分析也是凭借一般消费行为模式中因素关系的经验借鉴，没有具体的实证研究检验。

（五）影院观影行为的研究思路

可见，从科学研究的视角去思考影院观影行为，可以为影视制作和影视产品营销提供些许思路。

1. 发展适合观影行为的基础理论

观影行为的理论可以借鉴已有的经典理论，更应该发展适合观影行为的恰当理论，使观影行为研究理论基础的契合性更高、针对性更强，改变“旧瓶装新酒”“换汤不换药”的现象；回归心理行为理论的观影个体和群体心理与行为研究，找出观影行为背后本质性和规律性的内容，指导观影行为研究的实践，提高观影行为研究的普适性。

2. 融合影视生产和消费营销的研究视角，将观看过程纳入影视行为研究的内容中

影视生产和消费营销的视角有其独立研究的必要性，但观看过程的研究不应被忽视。且观看过程中的行为与心理体验既是对影视作品效果的直接反馈，又是观众消费行为的直接影响因素，是影视营销需要考虑的重要内容。所以，未来研究应将观看过程纳入影视行为研究的内容中，使其实现影视生产和消费营销研究视角的融合。

3. 开发“观众—作品”的研究路径，发现观影行为的普适性规律

在“作品—观众”的路径研究基础上，开发“观众—作品”的研究路径。暂且放下观影行为研究的功利性目的和立竿见影的营销刺激效果，从观众的心理与行为特点出发，开展观众层面的深入研究，发现观众的观影特点和关键的内在心理影响因素，发现这些内在因素对观影行为的规律性影响，增强观影行为研究的普适性。

第二节　大学生心理健康教育的实证研究及案例

实证研究是认识心理健康领域客观现象，向相关人员和同行提供现实、有用、确定而精确的知识等的研究方法，其重点是揭示心理健康领域现象，回答"是什么"的问题。公共卫生与健康促进，以及心理健康领域的实证研究超越价值判断，只揭示客观心理现象的内在构成和普遍联系，以归纳和概括心理健康现象的本质和运行规律。按照数据获取方法的不同，常见的实证研究方法可以分为调查研究与实验研究、横断面研究和追踪研究等。

一、高职大学生心理健康教育调查研究及实例

调查研究一般是通过调查问卷收集一定的数据，在理论逻辑和假设分析的基础上，通过对数据的分析揭示一定的心理现象。

（一）高职大学生社会能力现状调查与分析

社会能力（social competence）是一种社会认知能力，是各种具体认知技能的综合（Gold，2009），是个体恰当应对社会情境、实现社会目标（张晓等，2008），实现自身良好发展的能力（刘艳等，2005）。社会能力表现在社会交往过程中与人沟通、解决人际问题、日常生活中一般事务处理和自理能力方面（金庆昕，2002）。

了解高职大学生社会能力的现状，对高职院校制定有效的社会能力培养方案，提高高职大学生的社会能力具有重要的现实意义。众多的研究者经常采用单一主体（如自我、教师、同学、父母等）或多个主体报告的方式测量个体的社会能力，如张晓（2011）采用Pianta的儿童早期行为评价量表的社会能力分量表，由母亲判断儿童的社会能力水平；陈斌斌、李丹、陈欣银、陈峰（2011）则用儿童社会能力同伴评定量表和同伴提名法测量儿童的社会能力。李丹等人（2011）则同时使用了社会能力的儿童（同伴评定）问卷和教师问卷及同伴提名法等多个主体评价儿童的行为和同伴关系。

然而，单一主体报告的结果与其他主体报告的结果一致性不高（陈光辉等，2009）。有研究证明（Verhulst et al.，1997），父母报告和青少年自我报告的行为失调结果中只有4%的一致性，Achenbach也发现父母与教师评价（$r=0.28$）、青少年与教师评价（$r=0.22$）的一致性也不高（Achenbach et al.，1987；Achenbach，1991）。单一主体报告中，因为不同报告主体的所处立场、价值观、对所测量个体的了解程度及年龄等的不同，会使测量结果存在一定的片面性，从而影响结论的客观性和一致性（陈光辉等，2009；Ladd，2006；Vanlier et al.，2005）。同时，社会期望效应也会使报告主体有意隐瞒个体的问题，或只报告个体严重的问题（Butovskaya et al.，2007；陈光辉等，2009），从而降低了研究结论的可靠性。

本研究同时使用个体自评与他人评定的方法对高职大学生的社会能力进行测量，全面了解高职大学生的社会能力现状。

1. 对象与方法

（1）对象。采用方便整群取样，选取山东省 4 所高职院校学生 12 个班进行调查，共发放问卷 540 份，回收问卷 530 份，问卷回收率 98.15%，有效问卷 501 份，有效问卷回收率 94.53%。其中农村学生 401 人，城市学生 100 人，男生 231 人，女生 270 人。被试平均年龄为（19.83±0.87）岁。

（2）工具：大学生社会能力问卷。刘艳、邹泓（2005）编制，共 3 个分量表，84 个题目，分别测量大学生处理日常事务的能力、一般人际交往能力和建立并发展友谊的能力。各项目采用 5 点计分（1＝不符合；2＝不太符合；3＝不确定；4＝有些符合；5＝符合）。问卷的克伦巴赫 α 系数在0.60～0.81。本研究中个体自评分问卷 3 个分量表与总量表的克伦巴赫 α 系数在 0.64 ～0.84，他人评定分问卷三个分量表和总量表的克伦巴赫 α 系数在 0.60～0.84。

（3）统计分析。用 SPSS17.0 软件，对数据进行描述性统计分析，并将个体自评与他人评定的结果进行比较处理。

2. 结果

（1）高职大学生社会能力个体自评与他人评定的相关及差异。对各项目的自我评定和他人评定的结果进行相关分析发现，各项目自我评定与他人评定的相关系数在 0.10～0.29，说明两者的相关程度较低，均低于 0.30。

对各项目的自我评定和他人评定进行配对样本 t 检验发现，社会能力的 14 个因素中有社会参与意识、自立自信、社交兴趣、宽容平和、非自我中心、肯定他人长处、对友谊的信念、忠诚接纳、肯定支持共 9 个因素（t 值在 2.02～5.63），3 个维度中有一般人际交往能力、建立与发展友谊的能力共 2 个维度（t 值在 8.81～9.02）和总社会能力（t＝10.91）在自我评定（自评）和他人评定（他评）之间存在显著差异。除了自立自信是他评高于自评之外，其余均为自评显著高于他评，其 P 值均小于 0.05，具有统计学意义。

（2）高职大学生社会能力的现状

第一，高职大学生社会能力的描述性统计结果。大学生社会能力的描述性统计结果显示，教师评定的社会参与意识女生显著高于男生（t＝2.64，P＜0.01），而男生自评在处理日常事务工作时的灵活性显著高于女生对自己在这方面的评价（$t=2.30$，$P<0.05$）。但在处理日常事务的果断性上，无论自评（$t=2.40$，$P<0.01$）还是他评，男生均高于女生（$t=3.41$，$P<0.01$）。在一般人际交往能力上的各因素中，教师评定男生比女生更能保持独立性（$t=2.56$，$P<0.01$）；在建立与发展友谊的各因素中，个体（$t=2.86$，$P<0.01$）和教师（$t=2.18$，$P<0.01$）都评定男生比女生更尊重差异，但教师认为女生比男生更容易肯定和支持他人（$t=3.33$，$P<0.01$）；一般人际交往能力中，城市大学生比农村大学生更能够保持独立性（$t=2.09$，$P<0.05$）。

第二，高职大学生社会能力的总体特征结果。总体特征数据说明，高职大学生社会能力各维度的均分均低于其理论平均数，且最大值与最小值的差异明显。社会能力各维度和总社会能力中高社会能力大学生的比例较低，均低于27%（一个标准差），而低社会能力大学生的比例却很高，大都高于40%，说明高职大学生的社会能力处于中等偏低水平。

3. 讨论

（1）高职大学生社会能力个体自评与他人评定的相关较低，存在差异。个体自评与他人评定的结果相关性较低，且在三个维度的多个方面出现差异，这与先前的众多研究结果一致。因为个体和他人所处的立场、价值观、对测量个体的了解程度及年龄等的不同，使测量结果存在不一致（陈光辉等，2009；Ladd，2006；Vanlier et al.，2005）。同时，社会期望效应也会使自我报告有意隐瞒问题，或只报告个体严重的问题（Butovskaya et al.，2007；陈光辉等，2009）。另外，张俭福（2005）也认为，他人评定能有效弥补自我报告的缺陷，对目标对象非常熟悉的观察者（他人）也可以对被试的一些特质作出准确的令人信服的评价（Connelly et al.，2010；Srivastava et al.，2010；Funder，2012；张登浩等，2014）。

（2）高职大学生的社会能力在较多因素上存在性别差异，在很少因素上存在生源地差异。日常事务处理能力维度上教师评定的社会参与意识女生显著高于男生，这与胡子祥（2006）的研究结果不一致。这可能与评价方式有关，性别差异显著的研究中使用的是自我评价的方式，而本研究中自评的社会参与意识也没有发现性别差异。这又再次证明了个体自评与教师评定的差异性和两种方式同时使用的必要性。

在日常事务处理能力的灵活性上，个体自评结果显示男生高于女生；处理日常事务的果断性上，个体自评和教师评定的结果一致说明男生比女生更果断，且在一般人际交往能力的各因素中，教师评定男生比女生更能保持独立性；在建立与发展友谊的各因素中，个体和教师都评定男生比女生更尊重差异，但教师认为女生比男生更容易肯定和支持他人。这些可能都与社会要求和教育方式上的性别差异有关（杨丽娴等，2007）。社会和家庭要求男生在处理日常事务时比女生要更果断灵活，更加独立；社会要求男生比女生要承担更多的社会责任，男生对自己在这方面也有更高的要求，所以个体自我和教师都认为男生要比女生果断，要更尊重差异，这有利于男生更好地处理日常事务和建立更好的人际关系。所以，男生自评灵活性也高于女生。但在一般人际交往中，男生需要他人的肯定与支持，这在他人看来多少与男生的果断独立有些相悖，所以教师评定的肯定与支持他人方面女生要高于男生。

个体自评结果还表明，在人际交往的独立性上，城市学生比农村学生更独立。这可能与农村与城市的家庭教养和生活方式有关。城市的父母有固定的工作，在家陪孩子的时间不多，而农村父母大多在家干农活，工作时间可以自己支配，在孩子年龄小的时候农村孩子得到的父母陪伴时间比城市孩子要多，这可能使得城市孩子更具有独立性。

（3）高职大学生社会能力整体处于中等偏低水平。本研究发现，高职大学生社会能力整体处于中等偏低水平，中低社会能力者占了总数的76.2%，高社会能力者只有23.8%。这可能与被试承受的压力有关。高职大学生接受的是学历教育与职业教育，他们既面临学习压力又有职业压力（邱开金，2007）。同时，他们与同台竞技的普通高校毕业生相比，既缺乏学习的优势又处于就业竞争的劣势。重要的社会支持因素也影响社会能力水平，如随着年龄的增长，高校师生关系存在师生交往不足，交往频率较低，交往的内容以课业学习为主（杨冯，2010）的现象，说明高职大学生的在面临日常生活问题时较少向教师寻求帮助。另外，高校社会能力培养主要采用社会实践、社会调查、社会服务、参观访问、模拟训练、案例教学、小组讨论、撰写调查报告或论文等活动进行。但是，这些形式只是将学生放到社会中，任其自由发展，特别是缺乏监督，只是最后让学生交一篇社会实践调查报告或总结了事。而网络上关于社会实践调查报告或总结的文章盛行，有的学生根本没有去社会中进行实践，也顺利完成了这一任务，使社会实践活动流于形式，没有起到提高学生社会能力的效果。

（二）高职大学生最关注的心理问题调查

健康的三维观是指健康的身体、健康的心理和良好的社会适应能力。大学生心理素质教育越来越受到社会各界的高度重视，因为大学生心理健康水平已成为影响大学生成才及发展的重要因素，同时也是影响构建高校和谐校园的主要因素。为了进一步了解高职大学生的心理健康状况，明确高职大学生关注的心理问题，特对几所高职院校进行调查，并形成调查报告。

1. 调查对象和方法

（1）调查对象。利用《大学生心理情绪问题调查表》，以几所高职院校的在校生为调查对象，由学生会心理健康教育部安排每个班级选取一名学生作为情绪联络员，发放调查表，调查所在班级学生的心理情绪状况。发放问卷250份，有效问卷248份，有效率为99.2%。

（2）调查方法。用《大学生心理问题调查表》（以开放性问卷为主）作为调查工具，对高职大学生关注的心理问题进行调查研究，并作出统计。

2. 调查结果

本调查表共分为11项，分别为人际关系、家庭关系、缺乏自信、强迫思想、强迫行为、躯体疾病、学业、恋爱、就业、失眠、其他。调查分析发现，学生心理问题排在前五位的是学业、就业、人际关系、缺乏自信和恋爱，这是当前高职大学生最关注的问题。

家庭关系这一项，虽然关注的学生较少，但是关注的学生都无一例外地指出了家庭关系对自己成长的影响，而且都强调这种影响的重要性，还指出不良的家庭关系对自己成长的负面影响极其重大。

在高职大学生最关注的5个问题中，恋爱和就业问题在性别上存在极其显著的差异，女生比男生更关注恋爱问题，也更关注就业问题。

在高职大学生关注的5个问题中，学业（主要是升本）、恋爱和就业方面存在极其显著的差异。大二比大一学生更想解决学业问题，更加关注就业问题；而大一比大二学生更加关注恋爱问题。

3. 原因分析

（1）高职大学生最关注的问题与人格发展和院校性质有关。大学生的人格发展基本成熟，能够觉察到社会发展和由此带来的压力，使高职大学生在学业和就业上更有危机感，他们更担心将来的前途问题。人际关系、自信和恋爱都与人际交往有关，而人际交往是人类一切情绪的源泉。一个人过得快乐与否与人际交往的好坏有很大的关系。大学生的人格基本形成，他们开始意识到自己的弱点，改善的欲望极其强烈。恋爱是引起大学生情绪的重要原因。

（2）高职学生关注自己的学业，具体是指专升本问题。高职院校大都是专科院校，教育重点是培养学生的技能。学生大多是从普通高中参加高考入学的，在十几年的学习生涯中，学习就是为了读本科的思想在心中根深蒂固，而高职院校远没有满足他们的这一要求，他们把高职院校当做“升本”的跳板。大二比大一学生更关注学业问题，也更关注就业问题。这是因为大二还有一年的时间要毕业，马上面临升本还是就业的选择，并且有的高职院校大三时分出就业班和升学班，这更加重了他们选择的危机感和迫切感。大一学生刚进入大学，精力还没有放在这方面或有的学生想到了也没有大二学生急切。

（3）女生比男生更关注就业问题。高职院校中理工类比文史类专业就业率高已是不争的事实，但这些专业中性别分布很不均匀。理工类专业就业率接近90%，男女比例约8∶2，这其中男生就业率近100%，女生则只有50%；而文史类专业男女比例约3∶7，就业率只有不到70%。这使得高职院校女大学生的就业危机感极强，这种危机甚至在一入校时就存在。

（4）女生比男生、大一比大二更关注恋爱问题。女生思想细腻，更看重感情，对爱情的理解更理想化，所以她们更关注自己的爱情，更想了解关于恋爱的一系列问题。大一比大二学生在感情上的精力充沛，大部分学生的爱情刚刚开始，对恋爱充满激情。而大二学生面临的问题更多，除了恋爱之外还有就业这一更重要的问题，他们的关注点多样化，精力分散，对就业和学业等前途问题的关注胜过恋爱。

二、高职大学生心理健康教育实验研究及实例

大学生心理健康教育实验研究一般是在现实生活中进行的准实验，其目的一般是为了验证心理健康教育方案或教学方法及教学设计的实践效果，其关键在于无关变量的控制。

（一）高职大学生社会能力的培养干预实验

社会能力（social competence）有时也被译作社交能力，是个体恰当应对社会情境、实现社会目标，实现自身良好发展的能力，包括日常事务处理能力、一般人际交往能力和建立与发展友谊的能力三个维度（刘艳等，2005）。高职大学生在职业教育模式下面临着职业定势、人际关系、学习动机、成才抱负、青春期回应等方面的心理问题，和就业与前途、生活适应、自我期望与学习等的压力。有报告表明（麦可斯研究院，2012），高职、高专毕业生三年后最重要的工作能力包括有效的口头沟通、学习方法、积极学习、协调安排、时间管理、谈判技能、理解他人等，这显然都是社会能力的重要体现。社会能力可以通过社会实践来实现（蒋乃平，2001），但这难免

具有滞后性，而通过学校教育提高社会能力是帮助高职大学生应对和解决这些问题的有效方法之一（于桂敏等，2012）。目前，学校教育的方法主要有社会技能培训课程、心理咨询与心理辅导、融入思想政治课课堂等，但由于国内没有相应的干预建构体系、辅导的干预对象过窄、容易与思想政治教育相混淆等原因，使这些方法难以符合中国国情且得不到较好的效果。而团体干预的方法是一种提高学生社会能力的有效方法（Albert，2009；李坤崇，2010；孙云瑞等，2012；徐小娟，2011；张改叶，2005）。

在社会能力的团体干预研究中，经常以经验、常识或基础心理学理论为基础，缺乏有针对性的理论指导，它们或从教师、家长、媒体层面进行间接干预，或从学生层面进行直接干预，或从这 4 个层面进行综合干预（朱相华等，2008；Albert et al.，2009），但是都缺乏相应的理论基础，也没有专门的干预或指导技术（吴秀美，2013；韩继梅，2012）。而社会能力的理论模型主要有成分模型、过程模型、棱柱模型和整合模型等。成分模型认为，社会能力有若干不同的维度，评价社会能力需要综合考虑分析各个不同维度不能仅靠某个单一维度或表现来确定（Cunningham，2009）；过程模型从动态的角度，从社会行为发生的过程建构社会能力（张静等，2012），关注认知、情绪等因素对行为结果的影响，解释了刺激对行为及其结果的作用机制；棱柱模型（Rose - Krasnor，1997）则综合了成分模型和过程模型的优点，将社会能力的成分和情境纳入到模型中，使社会能力的模型成为立体结构，从高到低包括了社会能力的理论水平、指标水平和技能水平。棱柱模型主张社会能力的测量要从指标水平的他人和自我两个领域进行测量，社会能力的干预则要从技能水平着手（张静等，2012）。成分模型和过程模型只是从理论上解释了社会能力的维度和作用机制；棱柱模型则对社会能力的测量和干预提出了指导；整合模型综合了三大模型的优点，认为社会能力应以社会技能为基础，以与他人的关系和对自我知觉的能力为结果，受情境影响，随时间发展变化，主张干预从社会技能入手，从自我和他人两个方面进行测量。所以，社会能力的整合模型既指明了干预的主要方向，又提出了效果测量的方式，且阐明了社会能力的情境性和发展变化性的特点，对社会能力干预方案的制定具有更全面的指导意义。

此外，研究者们经常采用单一主体或多主体报告的方式来测量个体的社会能力。单一主体报告的结果与其他主体报告的结果一致性不高，会影响结果的客观性和一致性。因此，本研究采用多主体评定（个体自评和教师评定）的测量方法，探讨现实教育情境中，以社会能力整合模型为基础的团体干预方案提高高职大学生社会能力的效果。

1. 对象与方法

（1）对象。采用方便取样，选取某高职学院一年级 4 个平行班（n=180），两个班为实验组，另两个班为对照组。按照测量分数的完整性和有效性，最终确定研究对象为 166 人，其中实验组 93 人，对照组 73 人，平均年龄为（18.84±0.93）岁。所有研究对象都阅读并签署知情同意书。

（2）工具

第一，大学生社会能力问卷。刘艳、邹泓（2005）编制，3 个分量表共 84 个题目，分别测量大学生处理日常事务的能力、一般人际交往能力和建立并发展友谊的能力。各项目从 1（不符合）～5（符合）5 点计分。问卷的克伦巴赫 α 系数在 0.60～0.81。本研究的将该量表分为个体自评和教师评定两个版本，个体自评和教师评定的三个分量表和总量表的克伦巴赫 α 系数在 0.59～0.86。

第二，干预方法。根据高职大学生的特点，以整合模型为理论基础，在专家指导下设计团体干预方案，方案从认知、情绪和行为 3 个层面对社会能力进行干预。该方案在正式实施前进行了为期一个月的预实验（结果见表 6-1、表 6-2），效果良好。正式实施时，该方案在常规教学中进行，对照组不进行干预，实验组实施干预，每周 1 次，每次 1.5 小时，干预过程持续 15 周。第一周进行前测，第十五周进行后测，干预结束 3 个月后进行第 3 次测量。干预由 2 位具备国家二级心理咨询师资格的心理辅导教师协助。

干预方案包括认识表达、倾听与接纳的重要性和个体人际交往的模式；学习合理的情绪认知、调控与表达方式、沟通策略、消除人际困扰的技巧、综合技能训练；完成结束与离别等共 7 个模块，每个模块包括 2～3 个活动，应用了强化指导、榜样示范、行为演练、角色扮演、心理剧和合理情绪教育等多种技术。

表 6-1　社会能力及各维度实验组与对照组的独立样本 t 检验

	前测			后测		
	实验组	对照组	t	实验组	对照组	t
事务处理能力	11.92±1.66	11.65±1.31	1.02	13.19±1.84	12.20±1.62	2.94*
人际交往能力	16.91±1.53	17.19±1.74	0.58	17.89±1.66	16.93±1.92	2.17*
友谊能力	18.06±1.64	18.11±2.16	−0.19	19.04±1.53	18.02±2.16	2.11*
社会能力	47.08±3.56	47.03±4.01	1.03	50.23±3.52	47.03±4.01	3.31**

注：* $P<0.05$，** $P<0.01$，*** $P<0.001$。

表 6-2 社会能力及各维度实验组与对照组的配对样本 t 检验

	实验组				对照组		
	前测	后测	t	P	前测	后测	t
事务处理能力	11.92±1.66	13.19±1.84	−3.01	$P<0.01$	11.65±1.31	12.20±1.62	−1.37
人际交往能力	16.91±1.53	17.89±1.66	−2.21	$P<0.05$	17.19±1.74	16.93±1.92	−0.68
友谊能力	18.06±1.64	19.04±1.53	−2.15	$P<0.05$	18.11±2.29	18.02±2.16	0.15
社会能力	47.08±3.56	50.23±3.52	−3.47	$P<0.01$	46.83±3.95	47.03±4.01	−0.17

（3）效果评估。在第一周、第十五周和干预结束后 3 个月，分别用大学生社会能力问卷对高职大学生的社会能力进行自我评价和教师评定。比较 3 个时间点上实验组和对照组在个体评价和教师评定上的组间差异和组内差异。

（4）统计分析。用 SPSS17.0 软件，对数据进行独立样本 t 检验、配对样本 t 检验和重复测量的方差分析等处理。

2. 结果

（1）实验组与对照组 3 次测量的组间比较。实验组与对照组 3 次测量的组间比较如表 6-3 所示。

表 6-3 实验组与对照组社会能力及各维度 3 次测量的独立样本 t 检验

项目	测量次数	个体自评				教师评定			
		实验组	对照组	t	P	实验组	对照组	t	P
事务处理能力	1	12.14±2.14	11.63±1.91	1.58	—	11.61±1.68	12.10±2.05	−1.69	—
	2	13.41±1.83	12.45±1.66	3.49	$P<0.01$	12.94±1.90	11.86±1.89	3.66	$P<0.001$
	3	14.69±1.72	13.47±1.56	4.73	$P<0.001$	14.71±1.76	12.88±1.79	6.63	$P<0.001$
人际交往能力	1	16.88±2.31	16.72±2.21	0.46	—	15.60±2.29	15.85±2.18	−0.72	—
	2	17.99±2.33	16.59±2.31	3.85	$P<0.001$	17.20±2.10	15.88±2.06	4.06	$P<0.001$
	3	19.10±1.77	17.87±2.12	4.08	$P<0.001$	18.73±2.05	17.15±1.99	5.00	$P<0.001$
友谊能力	1	18.05±2.51	17.64±2.76	1.00	—	16.29±2.65	17.10±2.66	−1.95	—
	2	19.27±2.30	17.75±2.60	3.98	$P<0.001$	18.06±2.28	16.45±2.60	4.26	$P<0.001$
	3	20.28±1.85	18.97±2.35	4.01	$P<0.001$	20.06±1.70	18.22±2.02	6.39	$P<0.001$
社会能力	1	47.07±5.95	45.99±5.71	1.18	—	43.50±5.30	45.05±6.10	−1.75	—
	2	50.66±5.20	46.79±5.38	4.70	$P<0.001$	48.20±5.01	44.18±5.09	5.10	$P<0.001$
	3	54.06±4.49	50.36±4.68	5.17	$P<0.001$	53.51±4.62	48.25±4.24	7.56	$P<0.001$

独立样本 t 检验结果表明，在干预前第一周的第一次测量中没有显著差异（$P>0.05$）的实验组和对照组，在干预结束后第十五周的第二次测量和干预结束后 3 个月的第 3 次测量中，实验组的社会能力均显著高于对照组。

（2）3 次测量之间的组内差异：干预的主效应。重复测量的 3×2 方差分析结果表明，个体自评与教师评定的日常事务处理能力、一般人际交往能力、建立与发展友谊的能力和总社会能力的是否干预主效应［个体自评：F_1（1，165）$=32.11$，$P<0.001$，$\eta_p{}^2=0.17$；F_2（1，165）$=28.79$，$P<0.001$，$\eta_p{}^2=0.15$；F_3（1，165）$=28.45$，$P<0.001$，$\eta_p{}^2=0.15$；F_4（1，165）$=55.54$，$P<0.001$，$\eta_p{}^2=0.27$。教师评定：F_1（1，165）$=28.79$，$P<0.001$，$\eta_p{}^2=0.15$；F_2（1，165）$=28.96$，$P<0.001$，$\eta_p{}^2=0.15$；F_3（1，165）$=22.16$，$P<0.001$，$\eta_p{}^2=0.12$；F_4（1，165）$=34.23$，$P<0.001$，$\eta_p{}^2=0.18$］和 3 次测量的主效应［个体自评：F_1（2，165）$=64.78$，$P<0.001$，$\eta_p{}^2=0.47$；F_2（2，165）$=30.21$，$P<0.001$，$\eta_p{}^2=0.32$；F_3（2，165）$=29.72$，$P<0.001$，$\eta_p{}^2=0.27$；F_4（2，165）$=67.02$，$P<0.001$，$\eta_p{}^2=0.50$。教师评定：F_1（2，165）$=55.83$，$P<0.001$，$\eta_p{}^2=0.42$；F_2（2，165）$=26.71$，$P<0.001$，$\eta_p{}^2=0.26$；F_3（2，165）$=24.86$，$P<0.001$，$\eta_p{}^2=0.22$；F_4（2，165）$=55.37$，$P<0.001$，$\eta_p{}^2=0.40$］均达到显著性水平。说明干预方案和测量时间均对社会能力有促进作用。

（3）团体干预效果的交互效应。重复测量的（3×2）方差分析结果还表明，教师评定的日常事务处理能力［F（6，165）$=18.44$，$P<0.001$，$\eta_p{}^2=0.20$］、一般人际交往能力［个体自评：F（6，165）$=5.41$，$P<0.01$，$\eta_p{}^2=0.06$；教师评定：F（6，165）$=3.53$，$P<0.05$，$\eta_p{}^2=0.03$］、个体自评建立与发展友谊能力［F（6，165）$=3.78$，$P<0.05$，$\eta_p{}^2=0.03$］和社会能力［个体自评：F（6，165）$=6.39$，$P<0.01$，$\eta_p{}^2=0.07$；教师评定：F（6，165）$=3.66$，$P<0.05$，$\eta_p{}^2=0.03$］的 3 次测量与是否干预的交互效应显著。

简单效应分析结果表明，存在交互效应的日常事务处理能力（教师评定）、一般人际交往能力（个体自评和教师评定）、建立与发展友谊的能力（个体自评）和社会能力（个体自评和教师评定）各项目，无论实验组还是对照组，其能力水平都是第三次测量时最高，第二次测量次之，第一次测量时最低。且在 3 次测量中，除第一次测量时实验组与对照组无显著差异（$P>0.05$）外，其他两次测量均为实验组高于对照组。

3. 讨论

研究结果表明，两个结果实验组在干预后和干预结束后3个月的个体自评和教师评定中，社会能力和各维度的水平都显著高于对照组，其社会能力水平都得到了显著提高。同时，社会能力、各维度的是否干预、3次测量时间的主效应均显著。这都说明了以社会能力整合模型为基础的团体干预方案，能够提高高职大学生的社会能力水平，得到了与以往研究类似的结果，也说明团体干预方案对高职大学生社会能力水平的干预效果具有长期效应。团体干预是在班级集体情境下，共同讨论、彼此互动，相互协作、相互分享，这有利于个体了解自我、改进自我，增强适应性。另外，团体干预方案虽然在正常教学情境下开展，但与正常教学情境又有不同。团体干预创设的教学情境更加宽松，教学形式更加灵活，能充分发挥学生的积极性和主动性；同时，干预的层次全面，既包括认知、情绪层面又有行为改变和演练，再加之干预内容符合高职大学生的特点，针对高职大学生社会能力的具体内容有针对性地实施，这都能保证团体干预的效果。

另外，本研究发现，日常事务处理能力和建立与发展友谊能力的个体自评与教师评定的结果不一致，交互效应并没有在这两个项目的个体自评和教师评定中同时出现，这与先前研究结果一致。这可能是因为不同的报告主体（个体自我和教师）所处立场、价值观、对被试的了解程度及年龄等的不同，影响了结论的客观性和一致性。同时，可能因为日常事务处理能力与建立与发展友谊能力的外显性不同，即建立与发展友谊能力比日常事务处理能力更具有隐蔽性，导致个体对自我的建立与发展友谊能力的变化比教师更了解。而教师则更容易看到学生日常事务处理能力的改善情况，所以使个体自评与教师评定在这两个维度上出现不一致。这一结果提示了多主体评定的必要性和重要性。

交互效应的简单分析表明，不管实验组还是对照组，在3次测量时都出现了第三次测量最高，第一次测量最低的情况。这说明，高职大学生的社会能力具有发展性，这与社会能力的棱柱模型和整合模型一致。棱柱模型认为社会能力是不断发展的，其指标水平与技能水平具有年龄差异，而整合模型也认为社会能力具有受时间影响而发展变化性的特点。另外，社会能力的发展性也可能受到个体年龄、经验及学校其他教育的影响。

尽管实验组和对照组的社会能力都有随时间而增长的现象，但本研究也发现，每一次测量，实验组的社会能力水平均高于对照组。这说明本研究的团体干预方案能够在发展的前提下进一步促进高职大学生社会能力的发展，这同样验证了以社会能力整合模型为基础的团体干预方案的具有良好的干预效果。

以整合模型为基础的团体干预方案能有效提高高职大学生的社会能力水平，且在干预结束后的 3 个月仍然具有长期效应，但对于更长期效果的影响还需要进一步的验证。团体干预方案针对的是高职大学生存在的共性问题，忽视个体差异，因此，以后的干预方案应以共性问题为主，兼顾个体差异。另外，效果的评价往往以量化数据为主，忽视了个体和教师对团体干预效果的主观评价，在以后研究中应将量化数据与多主体的主观评价相结合，更好地完善团体干预的研究，促进高职大学生社会能力的培养和提高。

（二）常规性集群意向与实际集群行为的路径差异实验

常规性集群行为（normative collection action）是根据行为的激烈性、合法性和道德性差异区分的一种集群行为类型，是群体成员在同一群体情绪影响下，为改善群体现状而采用符合道德、法律、意识形态等既存规则的对抗行为，如和平游行、联名上书、请愿等（殷融等，2015）。与违规集群行为相比，常规性集群行为的参与者付出的努力、代价和成本更低，行为后果的破坏程度要弱，但其出现的概率却比违规集群行为要大得多（Sverker et al.，2020）。其普遍性、经常性发生的特点需要引起相当的重视，因为大规模的社会运动和社会革命往往是由得不到有效化解的常规对抗性集群行为演变而来的（Wright et al.，2009）。因此，分析常规性集群行为的社会心理机制，不仅有利于理清各因素相互作用的动因，也可为如何避免和化解各种群体性事件提供决策思路。

集群行为的测量是集群行为研究的关键因素。态度-行为关系理论认为，行为意向是与行为最接近的变量（李凯等，2018）。因此，在难以获得实际行动时，可以通过测量集群意向来代替实际行动（殷融等，2016A）。然而，行为意向是先验因素，实际行为是后验因素，这使得行为意向对实际行为的预测很有限。且意向形成到实际行为之间还有一些内外因素在发生作用，如行为控制、情绪、自我决定动机、行为习惯和情境等（张文娟等，2016；林琳，2017；王丽娟等，2020）。这使得将集群意向（collection intention）代替实际集群行为（collection action）研究的信度和效度有所降低。群体困境下产生的群体相对剥夺感（group relative deprivation）是集群行为产生的前提条件（张书维等，2012）。群体相对剥夺感是群体成员在进行群际比较的过程中，感知到自身的不利地位而产生的一系列感觉，它比个体相对剥夺感更易导致集群行为（Marcie et al.，2015）。群体认同（group identity）是集群意向的重要前因变量和核心影响因素（殷融等，2015B）。众多研究（张书维等，2012；Marcie et al.，2015；殷融等，2015B；Tomasz et al.，2018；Willner et al.，2013）的结果表明，群体认同对集群意向有直接效应，也作为调节变量在群体相对剥夺感与集群意向的关系中发挥间接作用。

采用2（高、低群体相对剥夺）×2（高、低群体认同）的被试间实验室情景设计和调查法，对集群意向与实际集群行为进行测量，探讨群体相对剥夺感和群体认同在集群意向和实际集群行为之间的路径差异。认为：集群意向与实际集群行为存在较大的相关性，但其预测作用有限；群体认同调节群体相对剥夺感与集群意向的关系；群体相对剥夺感通过集群意向对实际集群行为施加影响，集群意向是两者关系的中介因素。在以集群意向为中介的模型中，群体认同和集群意向发挥调节性中介的交互作用。

1. 变量设定与测量

以群体相对剥夺感、群体认同、集群意向和实际集群行为为研究变量。

群体相对剥夺感为操纵变量，借鉴Guimond和Dambrun（2002）的研究范式，通过阅读、观看相关剥夺实验材料对其水平进行操纵，并用《群体相对剥夺感量表》（内部一致性信度 $\alpha=0.742$）进行测量。群体认同是在实验前通过《群体认同问卷》（$\alpha=0.898$）对被试原有身份（考研和就业学生）进行的测量。为了减少群体相对剥夺感的操纵对群体认同的干预，操纵后进行二次测量，并通过 t 检验验证群体认同的稳定性和有效性。然后，参考张书维、王二平（2012）的操作范式，用虚拟材料作为触发情境。在10分钟内阅读一个“本校学生因未签订就业协议被扣发毕业证和学位证”的“真实”报道。集群意向是指在请愿书上签字的意向，其测试题目为“如果被暂扣两证的毕业生号召我们在其呈校长的请愿书上签字以示声援，我一定愿意参加。”实际集群行为则是指具体的签字行为，测试题目为“被暂扣两证的同学将于近期进行维权行为，以联名上书的形式向校长呈上请愿书，希望得到大家的声援。如果您愿意参与，请在随后的公开信上留下姓名”，并当场宣读请愿书。收集实际集群行为结果，并对实验的虚拟情境进行解释，以消除实验产生的群体相对剥夺感和消极情绪。

2. 样本情况及数据统计处理

（1）样本情况。以某高校252名学生为被试，平均年龄21.46岁，男生54名，女生198名；高群体认同者153名，低群体认同者99名；高群体相对剥夺组135人，低群体相对剥夺组117人。

（2）数据处理与统计。在2（高、低群体相对剥夺）×2（高、低群体认同）的被试间设计中，以理论平均数（3）为分组依据，群体认同采用实验前的调查数据进行分组。所有变量从非常不符合到非常符合在1～5分的范围内评分，分数越高变量的相应表现越明显。各变量的得分即为每个题目之和。除实际集群行为是分类变量外，其他各变量均为连续变量，在回归分析中均进行中心化处理。

根据数据的特点与类型，通过共同方法偏差检验、样本 t 检验、相关分析、Logistic 回归、χ^2 检验、和回归等进行统计与分析。

3. 检验结果及分析

（1）共同方法偏差检验。为了提高研究结果的有效性，避免共同方法偏差的影响，采用 Harman 单因素因子分析对共同方法偏差进行检验。结果显示，群体相对剥夺感、群体认同、集群意向和实际集群行为4个因子未旋转的特征根大于1，第一个因子解释变异率为31.727%，小于临界值40%，说明本研究的共同方法偏差不太严重。

（2）群体相对剥夺感和群体认同的分组检验。独立样本 t 检验结果显示，群体相对剥夺感的高剥夺组显著高于低剥夺组，高低群体相对剥夺组的平均数和标准差分别为3.38±0.38和2.25±0.26，$t=7.972$，$P=0.000$，说明实验对“群体相对剥夺感”的操纵有效。独立样本 t 检验验证群体认同分组的有效性发现，群体相对剥夺感操纵前后，群体认同的高分组都显著高于低分组 $t_{前}=13.514$，$t_{后}=14.052$，两组的 P 值都 <0.001。操纵前，高、低群体认同组的平均数和标准差分别为3.72±0.25和2.70±0.34，操纵后为3.82±0.32和2.78±0.35。用配对样本 t 检验验证群体认同分组的稳定性，在群体相对剥夺感操纵前后的两个高群体认同组之间（3.72±0.25和3.82±0.32）和两个低群体认同组之间（2.70±0.34和2.78±0.35）均未发现显著差异，两组的 P 值都 >0.05，这说明对群体相对剥夺感的操纵并未影响群体认同的分组，即实验对“群体认同”的分组也是有效的。

（3）集群意向与实际集群行为的关系

集群意向与实际集群行为各变量的相关性如表6-4所示。

表6-4　各变量的相关性

变量	群体相对剥夺感	群体认同	集群意向	实际集群行为
群体相对剥夺感	1			
群体认同	−0.142	1		

（续）

变量	群体相对剥夺感	群体认同	集群意向	实际集群行为
集群意向	0.345**	0.063	1	
实际集群行为	0.234*	0.151	0.492***	1

各变量间的相关分析结果显示：群体相对剥夺感与集群意向和实际集群行为之间存在两两正相关的关系，这符合了对三者进行进一步分析的前提；群体认同与各其他变量间的相关均不显著，这说明群体认同对其他各变量的直接效应并不存在；集群意向和实际集群行为显著正相关（$r=0.492$，$P<0.001$），为进一步分析集群意向对实际集群行为的预测作用，对实际集群行为（*CA*）和集群意向（*CI*）进行 Logistic 回归，得到：$\beta=1.925$，$Wals=13.426$，$P=0.000$，模型的 -2 对数似然值 $=63.085$，伪决定系数 Cox - Snell $R^2=0.365$，Nagelkerke $R^2=0.641$。可见，集群意向能够显著正向预测实际集群行为，集群意向每增加 1 个单位，实际集群行为将增加 1.925 个单位。其回归方程为：

$$\ln=\frac{p\ (Y=1/CI)}{p\ (Y=0/CI)}=a+b\cdot CI+e \qquad (1)$$

注释：因变量（*Y*）：实际集群行为是分类变量，用“1”和“0”表示。自变量（*CI*）是集群意向，对其进行 logistics 回归分析，*a* 为截距，*b* 为斜率，*e* 为误差。

表 6-5　集群意向与实际集群行为的频次（期望频次）统计

集群意向	无参与集群行为	参与集群行为	合计
低意向	45（36.9）	0（8.1）	45
中意向	120（105.9）	9（23.1）	129
高意向	42（64.2）	36（13.8）	78
合计	207	45	252

将集群意向以中位数（3）划分为高（>3）、中（=3）、低（<3）三个意向组，并将其与实际集群行为进行比较发现：高意向组参与集群行为的概率为 46.15%（36/78）明显高于中意向组的 6.98%（9/129）和低意向组。χ^2 检验的结果也证实集群意向对实际集群行为的高度预测作用（$\chi^2=20.924$，$DF=2$，$P=0.000$），即集群意向越高的群体，其参与实际集群行为的概率越大，反之亦然。

然而，在中、高集群意向的群体中，只有45人实施了实际的集群行为，仅占高、中意向群体的（45/207）21.74%。这同时也说明了集群意向与实际集群行为之间确实存在较大的差异，较高集群意向的个体中，实际集群行为的发生概率也不高。所以，集群意向能一定程度上预测群体的实际集群行为，但不能将集群意向来替代实际集群行为。因为，意向是行为产生的“必要因”，产生意向并不一定发生行为，意向到行为产生之间还有一些影响因素存在。从意向产生到实际行为发生的过程中，不但受到动机（林琳，2017）、习惯（张文娟等，2016；王丽娟等，2020）和情绪（张文娟等，2016）等个体内部因素的影响，还会受到情境（张露等，2013）等外在环境的干扰。

（4）群体相对剥夺感与集群意向的关系：群体认同的调节作用。用回归分析检验群体认同（*GI*）在群体相对剥夺感（*GRD*）和集群意向（*CI*）中的调节效应，方程为：

$$CI = a_1 + b_1 \cdot GRD + c_1 \cdot GI + e_1 \tag{2}$$

$$CI = a_2 + b_2 \cdot GRD + c_2 \cdot GI + c' \cdot GRD \cdot GI + e_2 \tag{3}$$

注释：因变量为集群意向（*CI*），自变量为群体相对剥夺感（*GRD*），中介变量为群体认同（*GI*），*GRD*·*GI* 为调节效应变量，所有变量都作为连续变量进行分析。a 是截距，b 和 c 是斜率，是各自变量的影响指数，e 为误差。

群体认同的调节作用通过检验（表6-6中 *GRD*·*GI*），调节效应量 $\Delta R^2=0.052$，其解释的额外变化率为5.2%，即加入交互项后致使解释率由13.1%提升到18.3%。

表6-6　群体认同的调节效应检验

变量	β	*SE*	t	P	R^2	F	P	*VIF*
群体相对剥夺感（*GRD*）	0.338	0.098	3.451	0.003	0.131	6.118	0.003	1.021
群体认同（*GI*）	0.102	0.097	1.055	0.294				1.021
群体相对剥夺感（*GRD*）	1.316	0.444	2.962	0.004	0.183	5.978	0.001	2.053
群体认同（*GI*）	0.723	0.291	2.483	0.015				9.720
GRD·*GI*	0.225	0.100	2.254	0.027				6.884

为进一步研究群体认同的调节作用趋势，分别画出高、低群体认同组的

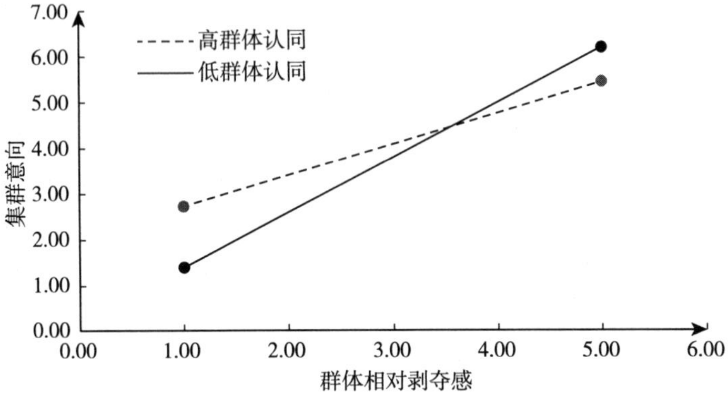

图 6-2 群体认同对群体相对剥夺感与集群意向的调节效应直观图

趋势线（图 6-2），结果发现：

第一，群体相对剥夺感与集群意向是正向变化的关系。趋势线的斜率反映了群体相对剥夺感对集群意向的敏感程度，斜率越大越敏感。所以，低群体认同者比高群体认同者对群体相对剥夺感的反应更敏感。就实验数据而言，低群体认同情况下，群体相对剥夺水平每提高 1 个单位，其集群意向增加 1.201 个单位（斜率=1.201）；高群体认同情况下，群体剥夺水平每提高 1 个单位，其群体的集群意向则增加 0.673 个单位（斜率=0.673）。

第二，交互作用的拟合线有一个交点（3.57，4.49），该交点应是群体相对剥夺感的一个度。在这个程度之下，低群体认同者的集群意向低于高群体认同者；而当群体相对剥夺感超过这个程度后（$x>3.57$），低群体认同者的集群意向会发生反转而超过高群体认同者。

所以，群体认同的调节作用表现为：在群体相对剥夺感未达到一定程度时，高认同群体比低认同群体易于参与集群行为；而在群体相对剥夺感足够高，超过一定程度后，低认同群体会比高认同群体产生更高的集群意向；低认同群体比高认同群体对群体相对剥夺感的反应更敏感。

（5）群体相对剥夺感与实际集群行为的关系：集群意向的中介作用。建立群体相对剥夺感与实际集群行为的中介作用模型，使用方杰、温忠麟和张敏强（2017）类别变量的中介效应模型对其进行分析，过程及公式如下：

$$\ln\frac{P\ (Y=1/GRD)}{P\ (Y=0/GRD)}=\alpha_1+cGRD+e_1 \tag{4}$$

$$CI=\alpha_2+aGRD+e_2 \tag{5}$$

$$\ln\frac{P\ (Y=1/CI,\ GRD)}{P\ (Y=0/CI,\ GRD)}=\alpha_3+c'GRD+bCI+e_3 \tag{6}$$

$$Z=\frac{Z_aZ_b}{\sqrt{Z_a{}^2+Z_b{}^2+1}}=\frac{\frac{a}{SE_a}\cdot\frac{b}{SE_b}}{\sqrt{(\frac{a}{SE_a})^2+(\frac{b}{SE_b})^2+1}} \quad (7)$$

注释：公式（4）用 logistics 回归检验群体相对剥夺感（*GRD*）对实际集群行为（*Y*）的影响，斜率 *c* 为其影响程度；公式（5）用回归分析检验群体相对剥夺感（*GRD*）对集群意向（*CI*）的影响，斜率 *a* 为其影响程度；公式（6）用 logistics 回归检验群体相对剥夺感（*GRD*）和集群意向（*CI*）两个因素对实际集群行为（*Y*）的影响，各自的斜率 c' 和 *b* 为其影响程度。三个公式中的 α 为截距，*e* 为误差。公式（7）中，*SE* 分别是公式（5）和公式（6）的标准误，该公式用来计算中介变量（*CI*）中介效应的显著性。

结果显示：群体相剥夺感（*GRD*）对实际集群行为的直接效应显著（$c=0.838$，$SE=0.405$，$Wals=4.274$，$P=0.039$）；群体相对剥夺感对集群意向（*CI*）的预测作用显著（$a=0.323$，$SE=0.097$，$t=3.333$，$P=0.001$，$Z_a=3.330$）；加入集群意向这一中介变量后，群体相对剥夺感的回归系数变得不再显著（$c'=0.126$，$SE=0.446$，$Wals=0.073$，$P=0.787$），而集群意向的结果显著（$b=1.849$，$SE=0.587$，$Wals=9.909$，$P=0.002$，$Z_b=3.150$）。进一步检验 $Z_a \cdot Z_b$ 的显著性，得到 $Z=2.236$，大于（$P<0.05$）的临界值 1.96，故此，集群意向的中介效应通过检验。且由 c' 不显著可知，该中介效应为完全中介，即群体相对剥夺感是完全通过集群意向对实际集群行为施加影响的。

（6）群体认同对集群意向中介效应模型的调节。先前研究（张书维等，2012；Marcie et al.，2015；殷融等，2015B）和 3.4 的结果表明，群体相对剥夺感对集群意向的影响受到群体认同的调节。那么，在集群意向的中介模型中，其直接的调节效应会有何变化呢？建立四者关系的混合模型检验群体认同对中介效应各路径的直接和间接调节作用，发现集群意向与实际集群行为的路径变化特点。混合模型的方程为：

$$\ln\frac{P(Y=1)}{P(Y=0)}=\alpha_1+a_1GRD+b_1GI+c_1GRD\cdot GI+e_1 \quad (8)$$

$$CI=\alpha_2+a_2GRD+b_2GI+c_2GRD\cdot GI+e_2 \quad (9)$$

$$\ln\frac{P(Y=1)}{P(Y=0)}=\alpha_3+a_3GRD+b_3GI+d_1CI+d_2CI\cdot GI+e_3 \quad (10)$$

注释：经过公式（4）～公式（7）的中介效应检验后，在此基础上，用公式（8）检验群体相对剥夺感和群体认同交互项（$GRD \cdot GI$）对实际集群行为（Y）的影响；公式（9）检验群体相对剥夺感和群体认同交互项（$GRD \cdot GI$）对集群意向（CI）的影响；公式（10）则验证集群意向和群体认同的交互（$CI \cdot GI$）对实际集群行为（Y）的影响。其中，斜率 a、b、c、d 分别是各变量的影响程度，α 和 e 则分别为截距和误差。

将各连续变量做中心化处理，对混合模型进行检验，首先用方程（8）检验混合模型的直接效应，得到交互项的回归系数和各指标（$c_1=3.702$，$SE=2.135$，$Wals=3.008$，$P=0.083$），发现群体认同对混合模型直接路径的调节不显著；然后，用方程（9）得到群体相对剥夺感及其交互项的回归系数（$a_2=1.316$，$SE=0.444$，$t=2.962$，$P=0.004$，$c_2=0.225$，$SE=0.100$，$t=2.254$，$P=0.027$）；最后，用方程（10）得到中介变量的回归系数（$d_1=0.165$，$SE=0.885$，$Wals=0.035$，$P=0.852$）和其与调节变量的交互系数（$d_2=0.535$，$SE=0.221$，$Wals=5.833$，$P=0.016$）。可见，群体认同与群体相对剥夺感及集群意向的交互作用均显著，故 $c_2 \neq 0$ 且 $d_2 \neq 0$ 的结果成立，则中介模型前、后两个路径的调节效应均得到验证，即混合模型中存在有调节的中介和有中介的调节效应，群体认同对集群意向中介模型的间接路径都有调节。其中介效应大小为（a_2+c_2GI）（d_1+d_2GI），中心化后的群体认同平均数和上下 1 个标准差分别为 0、1 和－1，当群体认同取值为上下 1 个标准差时，该混合模型的中介效应值分别为 82.44%和 58.37%。所以，集群意向在群体相对剥夺感与实际集群行为关系中的中介效应受到了群体认同的间接调节。

至此，群体认同对集群意向的简单调节效应（3.4）转变为对中介模型调节的混合模型（图 6－3）。可见，群体认同对中介效应前半段路径的调节作用为有调节的中介效应，即群体相对剥夺感对集群意向的影响受到群体认同的调节，其具体调节情况在 3.4 中已有说明；群体认同对中介效应后半段路径的调节作用为有中介的调节效应，即集群意向这一中介因素对实际集群行为发生作用时也受到了群体认同的影响。其交互作用的具体表现（图 6－4）为：无论群体认同的水平高低，集群意向与实际集群行为发生率的关系都是正向的；高认同群体对集群意向的变化比低认同群体的变化要敏感，高

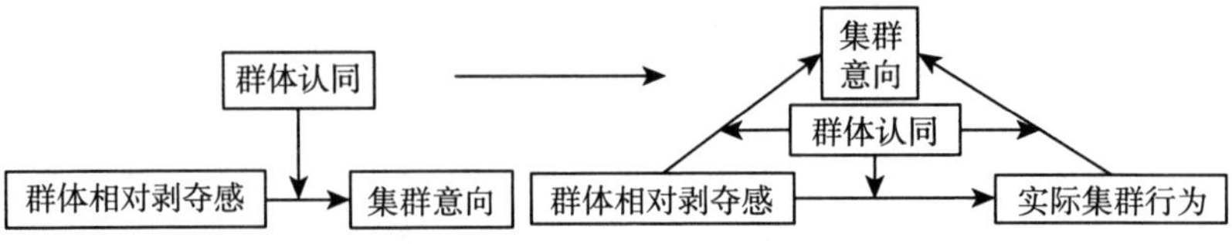

图 6－3　群体认同的直接调节与其中介模型中调节效应的变化

认同群体的集群意向每增强 1 个单位其实际集群行为发生的概率会提高 20.45 个单位（斜率＝20.45），低认同群体的集群意向每增强 1 个单位其实际集群行为发生的概率会提高 7.69 个单位（斜率＝7.69）；但无论集群意向高低与否，高认同群体的实际集群行为发生率都比低认同群体的实际集群行为发生率要高。

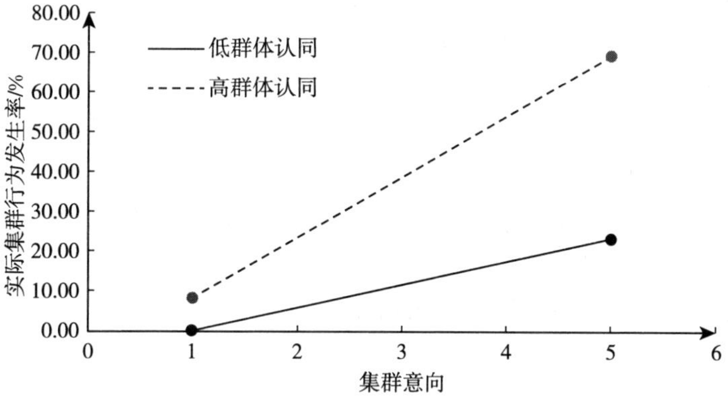

图 6－4　群体认同与集群意向的交互作用

4. 讨论与展望

集群意向与实际集群行为间存在较大的差异，从发生概率的角度讲，以往研究中以意向代替实际行为的做法是可行的，是在实际集群行为无法测量情况下的一种尽可能接近实际情况的做法。但集群意向与实际集群行为之间的路径不同，实际集群行为使原本以集群意向为结果的路径变得更长，其影响机制变的更加复杂。在后续研究中，应寻找与实际集群行为尽可能吻合的测量方式（如计算机模拟实验），使集群行为研究的路径更加完整；同时，要探讨集群意向到实际集群行为之间的众多可能影响因素，如动机（张书维等，2012；Tomasz et al.，2018）、意志、记忆、情绪（张文娟等，2016；Willner et al.，2013）等内在因素和情境（张露等，2013）等外部因素。

集群意向是与实际集群行为最接近的变量（李凯等，2018；殷融等，2017），群体相对剥夺感作为必要前提条件影响集群行为意向的同时也影响着实际集群行为，但因其作为集群行为路径的初始影响因素（李凯等，2018；殷融等，2017；张书维等，2012；Marcie et al.，2015），对实际集群行为的影响更多是通过集群意向的中介作用产生的。

群体认同在群体相对剥夺感和集群意向以及实际集群行为的关系之间均

起到调节作用，可能的原因是群体认同是群体成员参与集群行为的重要内部动机，高认同者更多从群体角度，低认同者更易于从个体角度来计算得失（Tomasz et al.，2013；Willner et al.，2013）。所以，群体困境下的群体成员无论群体相对剥夺感高低，高认同群体比低认同群体的群体凝聚力更强，更易于参与集体行动，自然其集群意向就较高一些；而低认同者则只有剥夺感够强烈，成员足以感到能直接影响到个体利益时，才可能从行为上谋求改变。这也是群体相对剥夺感够强时，低群体认同者的集群意向超过高群体认同者的原因。

群体认同作为先前研究中对集群意向产生重要影响的因素，在简单模型和混合模型中的路径不同，其他已知影响因素和未知影响因素的结果也可想而知。所以，在后续研究中，应将新旧影响因素都放入混合模型或建立的新模型中，分析各变量间的相互作用，以使集群行为的路径变化更加明朗，增强群体性事件应对策略的针对性和有效性。

5. 结论

本研究的主要结论为：第一，在群体相对剥夺感、群体认同和集群意向的简单模型中，群体认同起着调节作用；第二，加入实际集群行为后，简单模型变为混合模型，集群意向在群体相对剥夺感与实际集群行为的关系中发挥中介作用；第三，在集群意向中介的混合模型中，群体认同的单纯调节作用转变为混合的调节与中介，使模型变为复杂的混合模型。可见，集群意向与实际集群行为之间存在路径上的差异。

三、大学生心理健康教育调查与实验的结合研究

（一）规范研究与实证研究的实例

在大学生心理健康教育的研究中，常会将调查研究与实验研究相结合，即通过调查研究揭示心理健康现象和规律的同时，针对现状及规律制定与之相适应的心理健康干预方案，运用实验法对其效果进行验证，为干预方案的普及和实用性提供依据。图 6－5，图 6－6 作为研究团队研究项目的技术路线图，比较直观地说明了这一点。

以上技术路线图为“双创背景下应用高校学生学习动机激发与创新性培养”的研究思路。该项目在“大众创业、万众创新”的“双创”形势下，通过调查应用型高校大学生学习和教育动机的现状，分析动机对创新能力的影响，确定应用型高校创新型人才的培养途径和模式，并通过实践检验创新型

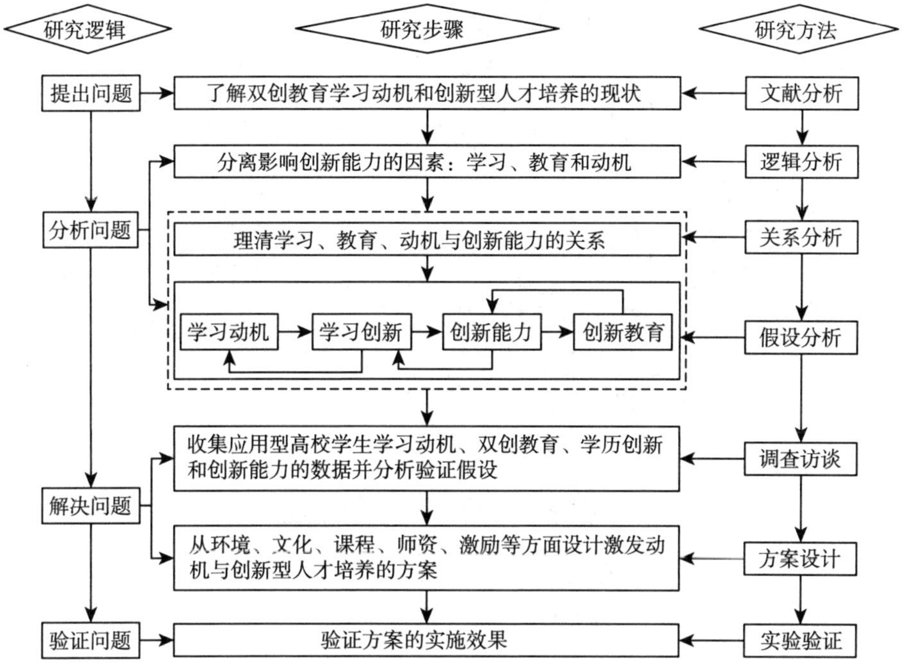

图 6-5　技术路线（1）

人才培养体系的效果。结合了调查法与实验法，体现了研究内容间的递进关系。通过调查问卷对 342 名学生和 60 名教师进行内容涉及专业认知、学习动机、师生关系、心理素质和自我认知几个方面的调查。接着对调查和访谈中发现的典型案例进行分析，找到典型案例背后的普适性原因和推广的可能性，并对案例进行定性分析，确定案例成功与失败的原因。通过 2×3 的前后对比实验设计，对学生和教师的动机认知、创新能力和师生关系等多个方面进行对比实验，检验本研究中以动机为基础设计的创新型人才培养体系的效果。

图 6-6 所示的技术路线是研究团队进行的“儿童期不良经历对成年早期心理健康的影响及干预研究”的研究思路。首先进行变量关系的理论分析，确定理论上童年期不良经历与青年早期心理健康的关系及其各自的内涵变量，同时明确可能的中间变量并基本确定各变量间的逻辑关系。其次，通过问卷调查和绘画测验获取第一手数据资料，并通过统计分析和卷积神经网络模型分别处理结构化和非结构化数据。然后，建构结构方程模型分析各变量的相互作用机制并计算变量的影响程度。最后，确定家庭教育和学校教育方案并通过前后对比准实验设计验证方案的实际效果。

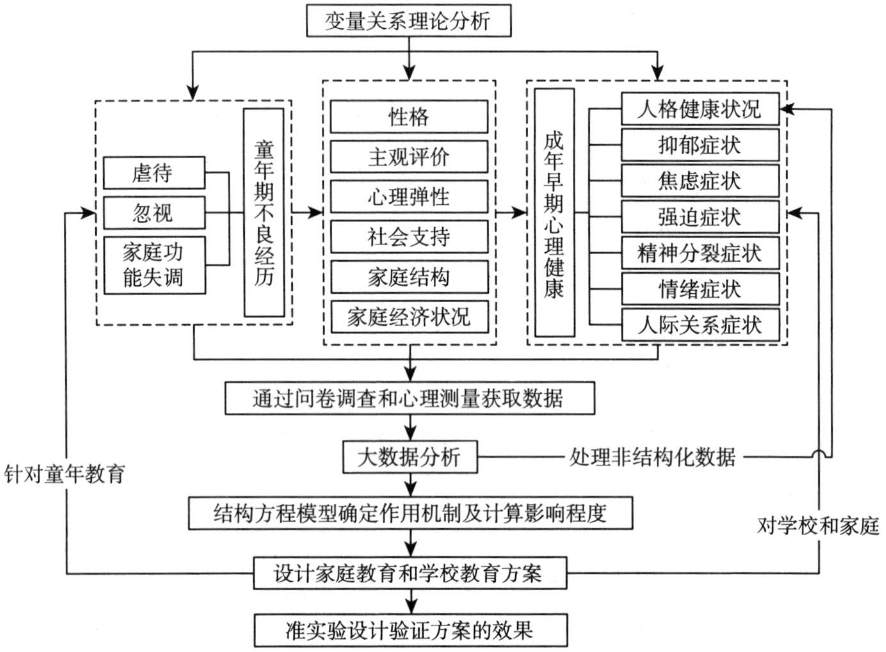

图 6-6　技术路线（2）

（二）规范研究与实证研究的选择及注意事项

1. 规范研究发现相应研究领域的新问题和新趋势

研究的创新是确定研究这个主题的意义所在。找到新问题和研究的新趋势需要查阅大量的相关文献资料，并沿着一条主线或线索对其进行总结分析，是行之有效和必不可少的环节和方法，而这个过程是需要规范研究来完成的。

2. 规范研究与实证研究的结合

规范研究与实证研究在心理健康领域的实际研究中经常结合使用，规范研究是实证研究的基础，实证研究不能脱离规范研究而独立存在。实证研究必须在规范研究充分分析实证研究中变量理论关系的基础上进行，否则实证研究会成为无本之木、无源之水，其研究结果与结论也将没有意义。

3. 实证研究为规范研究提供支持和证据

在利用规范研究进行理论分析的基础上，确定的新问题和研究思路等计划或方案都需要实证研究来完成。无论实证研究最终的结果是否与当初的研究假设相吻合，实证研究的数据、结果和结论都是对规范研究中理论分析和假设的验证，都是规范研究的证据支持。

4. 规范研究与实证研究的关键为研究问题与方法的匹配

在心理健康领域的研究中，一些研究者，特别是初学者认为实证研究的文章比规范研究的文章更容易被期刊录用，或因为其操作性强，更容易上手，就对规范研究和实证研究厚此薄彼，甚至在一些实证研究中不进行规范的理论分析，这是一种非常不恰当甚至是错误的观点和做法。规范研究与实证研究本身并无好坏之分，它们有各自适合的研究问题和研究套路。研究者要做的是明确自己要做的问题和感兴趣的领域后，通过规范的理论和逻辑分析找到相关研究领域的新问题和新发现，针对这个创新设计出适合的研究方法，而绝非是按自己的好恶或方便来选择研究方法。

参　考　文　献

曹南南，2017. 国产大制作电影的艺术消费行为研究［D］. 武汉：武汉理工大学.

陈斌斌，李丹，陈欣银，2011. 作为社会和文化情境的同伴圈子对儿童社会能力发展的影响［J］. 心理学报，43（1）：74-91.

陈晨，2018. 电影“彩蛋”的观众审美心理研究［J］. 电影文学（9）：39-41.

陈光辉，张文新，王姝琼，2009. 多主体评定青少年外化问题行为的一致性问题［J］. 心理学报，41（2）：144-155.

陈小梅，2019. 大学生心理健康教育［M］. 厦门：厦门大学出版社.

陈秀清，胡平贵，2017. 大学生网络依赖行为与心理健康研究［M］. 长春：吉林大学出版社.

高静，王军航，2017. 心理健康教育在综合实践教学中的渗透［M］. 长春：吉林文史出版社.

格桑泽仁，2009. 大学生心理健康教育理论与实践［M］. 成都：四川大学出版社.

郭清龙，吴明霞，张筱筱，2014. 8 周团体辅导对儿童建立性别平等概念的效果［J］. 中国心理卫生杂志，28（3）：168-172.

韩继梅，2012. 焦点解决取向团体辅导对提升大学生人际交往能力的应用研究［D］. 重庆：重庆师范大学.

胡子祥，2006. 当代大学生社会参与意识的实证研究［J］. 中国青年研究（5）：35-39.

黄会林，黄偲迪，黄宇晟，2021. 中国文化认知对观看中国电影期望与行为的影响研究——2020 年度中国电影东南亚地区传播调研报告［J］. 现代传播（中国传媒大学学报），43（1）：21-27.

黄希庭，2000. 郑涌. 大学生心理健康与咨询［M］. 北京：高等教育出版社.

黄勇军，2018. 纸上的光影：中国影视小说研究（1920—2010）［D］. 兰州：兰州大学.

蒋乃平，2001. 社会能力训练应得到充分重视［J］. 职业技术教育，22（13）：19-21.

金贵荣，杨荣誉，2022. 电影数字照明系统的美学建构与技术实践［J］. 当代电影（4）：152-159.

金庆昕，2002. 美国中小学生社会能力的培养［J］. 中小学心理健康教育（5）：26-28.

蓝汉林，岑红霞，蓝汉森，2005. 关于社会能力缺陷儿童干预对策的研究［J］. 中国临床心理学杂志（3）：346-347，332.

李丹，陈峰，陈欣银，2011. 文化背景与社会行为和适应：城市、农村和流动三类儿童的比较研究［J］. 心理科学，34（1）：93-101.

李芳瑶，2021. 巴蜀文化视域下的电影人物原型——以成都电影为例［J］. 当代电影（4）：129-132.

李国强，2017. 谢平英．心理健康教育课程设计与开发［M］．湘潭：湘潭大学出版社．
李凯，徐艳，杨沈龙，2018. 群体愤怒影响集群行为意向的阶层差异［J］．心理科学，41（4）：956－961.
李坤崇，2010. 班级团体辅导［M］．北京：中国人民大学出版社．
李墨池，2018. 现代大学生心理健康教育［M］．天津：天津科学技术出版社．
李莎，2022. 论传统色彩观在新世纪中国动画电影中的现代意义生成与转化［J］．电影新作（2）：141－149.
李晓光，2019. 当代大学生心理健康教育的理论与实践研究［M］．北京：海洋出版社．
李正军，2009. 高校网络心理健康教育导论［M］．南昌：江西高校出版社．
林静，2008. 大学生心理健康教育理论与实践［M］．长沙：湖南大学出版社．
林琳，2017. 拖延行为的干预：计划行为理论和实施意向的影响［J］．心理学报，49（7）：953－965.
林晓帆，2019. 中国大学生人格变迁的横断历史研究［J］．潍坊工程职业学院学报，32（4）：68－75.
凌霄，柳珺珺，江光荣，2013. 团体辅导对贫困大学生自尊水平、成就动机的干预过程与效果［J］．中国心理卫生杂志，27（2）：138－144.
刘栋，薛少一，2018. 当代视阈下大学生心理健康教育理论与实践研究［M］．北京：中国书籍出版社．
刘婧，2017. 网络环境下的大学生心理健康教育［M］．长春：东北师范大学出版社．
刘艳，邹泓，2005. 武汉地区大学生社会能力的结构及其问卷编制［J］．心理学报（4）：502－510.
刘艳，邹泓，2008. 大学生三种社会能力之间的关系［J］．教育研究与实验（2）：60－64.
龙兰，2018. 互联网时代电影消费者购买决策分析——以艺术片《芳华》和《无问西东》为例［J］．传播力研究，2（6）：13－16.
卢康，2020. 电影如何激发观众的情感——卡尔·普兰丁格认知—知觉理论述评［J］．北京电影学院学报（6）：12－21.
陆遥，2021. 刍议电影艺术中的色彩化构建［J］．电影新作（6）：152－156.
路晓英，孙锋，许明超，2019. 大学生心理健康教育［M］．天津：天津科学技术出版社．
吕斐宜，2007. 高校心理健康教育研究［M］．武汉：湖北人民出版社．
罗晓路，2018. 大学生心理健康教育的现状与对策［J］．教育研究，39（1）：112－118.
麦可思研究院，2012. 2012 年中国大学生就业报告［M］．北京：社会科学文献出版社．
钱禧，2005. 现代大学生综合素质教育与心理健康教育及心理测试指导全书［M］．北京：中国教育出版社．
邸开金，2007. 高职学生心理健康问题研究［J］．心理科学（2）：444－446.
申小莹，2007. 王昕红．民办高校大学生心理健康教育［M］．西安：陕西人民教育出版社.
孙云瑞，李辉，2012. 团体咨询改善大学生宿舍人际关系的效果评价［J］．中国健康心理学杂志，20（5）：715－717.
唐琳，2018. 网络环境下大学生心理健康教育研究［M］. 成都：西南交通大学出版社.
唐中君，刘垒朋，禹海波，等，2019. 融合Bass模型和三阶段过程模型的续集电影需求扩散研究［J］. 运筹与管理，28（1）：166－175.
童玲，2022. 电影音乐的视听联觉效应分析［J］. 西部广播电视，43（10）：112－114，139.
童玲，2022. 国产电影音乐发展现状及发展策略［J］. 艺术评鉴（9）：167－169.
汪举仁，2020. 极简主义光效造型：罗比·穆勒摄影用光观念研究［J］. 当代电影（5）：139－143.
王聪聪，2013.88.1%2011届高职毕业生为家庭第一代大学生［N］. 中国青年报，01－17（7）.
王红姣，卢家楣，2009. 高职生压力源及应付方式特点研究［J］. 心理科学，32（6）：1328－1332，1305.
王会平，2006. 中学心理健康教育教学设计［M］. 长春：东北师范大学出版社.
王丽娟，郑丹蘅，2020. 习惯行为、执行意向与青少年身体活动意向与行为：基于计划行为理论的扩展模型［J］. 上海体育学院学报，44（2）：22－32.
吴秀美，2013. 高中生人际焦虑现状及其团体辅导研究［D］. 呼和浩特：内蒙古师范大学.
吴禹，魏红娟，厉红，等，2018. 体验式教学模式在大学生心理健康教育课程中的应用［J］. 教育理论与实践，38（18）：49－51.
谢维兴，2008. 中小学心理健康教育课程与教学［M］. 福州：福建教育出版社.
熊焰，2019. 基于网络环境的高校学生心理健康教育研究［M］. 北京：北京工业大学出版社.
徐辉，2014. 当代大学生心理健康教育探析［M］. 北京：首都经济贸易大学出版社.
徐小娟，2011. 团体辅导对改善贫困大学生人际交往不良现状的研究［D］. 南京：南京师范大学.
徐绪松，2010. 复杂科学管理［M］. 北京：科学出版社：7－10.
许迪，2018. 大学生心理咨询与心理健康教育［M］. 哈尔滨：哈尔滨工程大学出版社.
许思安，2016. 心理健康教育课程设计与组织［M］. 武汉：华中科技大学出版社.
杨冯，2010. 高校师生关系及师生交往状况调查研究［D］. 上海：华东师范大学.
杨丽娴，连榕，张锦坤，2007. 中学生学习倦怠与人格关系［J］. 心理科学（6）：1409－1412，1417.
杨鑫悦，2019. 网络时代高校心理健康教育的探索与实现［M］. 沈阳：辽宁大学出版社.
叶任豪，陈海燕，2022. 论新主旋律电影在人物创作上的转变［J］. 电影文学（7）：31－35.
殷融，张菲菲，2015A. 不同类型集群行为的差异比较［J］. 心理科学进展，23（1）：120－131.

殷融，张菲菲，2015B. 群体认同在集群行为中的作用机制［J］. 心理科学进展，23（9）：1637－1646.
殷融，张菲菲，王元元，臧日霞，2017. 当抗议遭遇挫折：集体行动失利情境下情绪反应对行动意愿的作用［J］. 心理学报，49（4）：482－499.
尹美群，杜啸雪. 高校本科财务管理教育的调查研究［J］. 财会通讯，2010（24）：92－94.
于桂敏，苏畅，崔颖，2012. 培养大学生社会能力的实效性研究［J］. 大连民族学院学报，14（2）：185－188.
俞国良，侯瑞鹤，2015. 论学校心理健康服务及其体系建设［J］. 教育研究，36（8）：125－132.
俞国良，王浩，赵凤青，2017. 心理健康教育：高等学校专兼职教师的认知与评价［J］. 黑龙江高教研究（10）：121－124.
宇晴，林进桃，2019. 视听盛宴、英雄叙事与同人特质——从复联系列电影看当代观众审美接受心理［J］. 传媒观察（12）：59－64.
张登浩，滕飞，潘雪，2014. 他评：一种有效的人格评价手段［J］. 心理科学进展，22（1）：38－47.
张锋，祝婷，2014. 团体心理辅导对大学生时间管理的改善效果［J］. 中国心理卫生杂志，28（5）：327－331.
张改叶，2005. 大学生人际交往能力训练的团体辅导活动设计与实施［J］. 中国健康心理学杂志（4）：288－290.
张俭福，2004. 他评与自评：素质教育的杠杆［J］. 教育实践与研究（5）：20－21.
张静，田录梅，张文新，2012. 社会能力：概念分析与模型建构［J］. 心理科学进展，20（12）：1991－2000.
张露，帅传敏，刘洋，2013. 消费者绿色消费行为的心理归因及干预策略分析——基于计划行为理论与情境实验数据的实证研究［J］. 中国地质大学学报（社会科学版），13（5）：49－55＋139.
张娜，2018. 多维视角下大学生心理健康教育研究［M］. 北京：国家行政学院出版社.
张书维，王二平，周洁，2012. 跨情境下集群行为的动因机制［J］. 心理学报，44（4）：524－545.
张淑玲，杨凌东. 2009. 大学生心理健康教育理论与实践［M］. 天津：南开大学出版社.
张卫平，2013. 高校心理健康教育研究［M］. 沈阳：辽宁大学出版社.
张文娟，毛志雄，2016. 青少年体育活动意向与行为的关系：行动控制与情绪的中介作用［J］. 北京体育大学学报，39（3）：81－87.
张晓，2011. 童年早期社会能力的发展：一个潜变量增长模型［J］. 心理学报，43（12）：1388－1397.
张晓，陈会昌，张桂芳，2008. 母子关系、师生关系与儿童入园第一年的问题行为［J］. 心理学报（4）：418－426.

张晓峰，2021. 认知科学视域下的电影空间建构［J］. 电影艺术（6）：126－134.
张英莉，2019. 大学生心理健康教育［M］. 北京：北京理工大学出版社.
中共北京市委教育工作委员会，首都大学生思想政治教育研究中心，2016. 大学生心理素质教育研究［M］. 北京：北京交通大学出版社.
周宗奎，1993. 儿童社会技能缺陷及干预［J］. 心理发展与教育（4）36－41.
朱相华，李娇，王成东，2008. 综合干预对受虐待小学生行为问题和社会能力的影响［J］. 中国健康心理学杂志（2）：193－195.
邹泉，2019. 高校思想政治工作中的心理教育机制的构建研究［M］. 沈阳：辽宁大学出版社.
ACHENBACH T. M.，MCCONAUGHY S H，HOWELL C T，1987. Child/adolescent behavioral and enmotion alproblems：Implication of cross informant correlations for situational specificity［J］. Psychological Bulletin，101：213－232.
ALBERT J C，2009. Social Competence and Social Skills Training and Intervention for Children with Autism Spectrum Disorders［J］. Journal Autism Developmental Disorder，39：1268－1277.
BUTOVSKAYA M L，TIMENTSCHIK V M，BURKOVA V N，2007. Aggression，conflict resolution，popularity，and attidude to school in Russian adolescents［J］. Aggressive Behavior，33：170－183.
CAPLAN M Z，WEISSBERG R P，1989. Promoting social competence in early adolescence：developmental considerations［J］. Social Competence in Developmental Perspective，51：371－385.
CONNELLY B S，ONES D S，2010. An other perspective on personality：Meta－analytic integration of observers' accuracy and predictive validity［J］. Psychological Bulletin，136（6）：1092－1122.
COREY G，1995. Group counseling［M］. California：Brooks/Cole Publishing.
CUNNINGHAM J D，2009. Empirical validation of a model of social competence and aggression for adolescents［D］. New York：Fordham University.
FUNDER D C，2012. Accurate personality judgment［J］. Current Directions in Psychological Science，21（3）：177－182.
GLADDING S T，1995. Group work：A counseling specialty［M］. California：Brooks/Cole Publishing.
GOEKE－MOREY M C，CAIRNS E，TAYLOR L，et al.，2015 Predictors of Strength of In－Group Identity in Northern Ireland：Impact of Past Sectarian Conflict，Relative Deprivation，and Church Attendance［J］. Journal of Community & Applied Social Psychology，25（4）：283－295.
GOLD S，2009. Measuring social competence，task competence and self－protection in an organizational context［D］. Newcastle：University of Newcastle.

HAFNER A，STOCK A，2010. Time management training and perceived control of time at work [J]. J Psychol，144 (5)：429-447

JAGERS S，HARRING N，Löfgren，Å，et al. ，2020. On the preconditions for large-scale collective action [J]. A Journal of the Human Environment，49 (7)：1282-1296.

LADD G W，2006. Peer rejection，aggressive or with drawn behavior，and psychological malad justment form ages 5 to 12：An examination of four predictive models [J]. Child Development，77：822-846.

Rose-Krasnor L，1997. The nature of social competence：A theoretical review [J]. Social Development，6 (1)：111-135.

SRIVASTAVA S，GUGLIELMO S，BEER J S，2010. Perceiving others' personalities：Examining the dimensionality，assumed similarity to the self，and stability of perceiver effects [J]. Journal of Personality and Social Psychology，98 (3)：520-534.

TOMASZ B，MICHAL J，NATASZA K，et al. ，2018. What do I gain from joining crowds? Does self-expansion help to explain the relationship between identity fusion，group efficacy and collective action? [J]. European Journal of Social Psychology，48 (2)：152-167.

VANLIER P A C，VIRARO F，WSNNER B，et al，2005. Gender diffrences indevelopmental links among antisocial behavior，friends' antisocial behavior，and peer rejection in childhood：Results from twocultures [J]. Child Development，76：841-855.

VERHULST F C，VANDERENDE J，FERDINAND R F，et al.，1997. The prevalence of DSM-Ⅲ-R diagnoses in a national sample of Dutch adolescents [J]. Archives of General Psychiatry，54：329-336.

WILLNER P，ROSE J，JAHODA A，et al. ，2013. Group-based cognitive-behavioural anger management for people with mild to moderate intellectual disabilities：cluster randomised controlled trial. [J]. The British journal of psychiatry：the journal of mental science，20 (3)：288-296.

WRIGHT S C，2009. The next generation of collective action research [J]. Journal of Social Issues，65 (4)：859-879.

图书在版编目（CIP）数据

公共卫生健康促进视角下大学生心理健康教育改革创新理论与实践 / 伦凤兰著 . —北京：中国农业出版社，2023.1

ISBN 978-7-109-30497-0

Ⅰ. ①公… Ⅱ. ①伦… Ⅲ. ①大学生—心理健康—健康教育—研究 Ⅳ. ①G444

中国国家版本馆 CIP 数据核字（2023）第 040477 号

中国农业出版社出版

地址：北京市朝阳区麦子店街 18 号楼

邮编：100125

责任编辑：李昕昱　　文字编辑：吴沁茹

版式设计：王　怡　　责任校对：吴丽婷

印刷：北京中兴印刷有限公司

版次：2023 年 1 月第 1 版

印次：2023 年 1 月北京第 1 次印刷

发行：新华书店北京发行所

开本：700mm×1000mm　1/16

印张：11.75

字数：220 千字

定价：68.00 元
